철원의 밤하늘 아래
기억의 별을 세다

철원의 밤하늘 아래
기억의 별을 세다

문병우 지음

프롤로그

그 겨울, 철원에서

40여 년이 흘렀다.

눈 덮인 철원의 산길, 차가운 얼음판 위의 군대 축구, 최전방 벙커에서의 나날들… 우리의 청춘은 그렇게 흘러갔다. 그 시절엔 힘들고 고된 순간도 많았지만, 이제 돌이켜 보면 그 모든 것이 소중한 추억이 되어 우리 곁에 남아 있다.

이 책은 한때 같은 하늘 아래, 같은 땅을 밟으며 함께했던 전우들이 모여 기억을 더듬고, 그 시절을 되새기며 써 내려간 이야기들이다. 비록 우리는 각자의 길을 걸으며 다른 삶을 살아왔지만, 철원에서 보낸 시간만큼은 여전히 우리를 하나로 묶어 주고 있다.

그 시절 우리가 함께했던 밤하늘의 별들은 여전히 빛나고 있을까? 눈 속에 묻혀 있던 청춘의 흔적들은 아직도 남아 있을까?

이제 우리는 그 시간을 다시 꺼내어 본다.
그리운 이름들, 잊을 수 없는 순간들, 그리고 철원의 기억들.
그 시절, 우리들의 이야기다.

추억록 발간에 즈음하여

김낙곤

철원 땅에서 피 끓던 청춘의 시간들을 잠시나마 함께했다는 명분으로 우리는 전우라는 훈장을 함께 받았습니다.

누군가는 아픈 상처로, 또 다른 누군가는 젊은 날의 소중한 추억으로 남아 있을 철원.

40여 년의 세월 속에 그 시절 그 전우들은 각자의 길을 열심히 걸어갔습니다.

한 번도 가 보지 않은 그 길을 그저 열심히 가노라면 파랑새도 있고, 무지개도 있을 것 같은…

그 결과 희끗희끗한 머리와 얼굴의 잔주름이 훈장처럼 남아 있고, 사랑하는 가족이 우리 곁에 남아 있습니다.

마치 우리에게 주어진 보상 같은 선물입니다. 또 하나의 선물을 준비하고 있습니다. 남남으로 만나 전우라는 이름의 11중대 2소대원의 자격으로.

인생의 황혼기에서 뒤돌아본 그때의 기억들은 가물가물하지만 그때의 생생한 모습들을 여기에 모으기 위해 애쓰신 많은 선후배님들의 노력으로 추억담을 발간하게 되었습니다.

몇몇 전우들의 무모한 도전이 여기까지 왔습니다. 그들의 도전에 경의를 보냅니다. 부디 오늘의 이 기억들이 우리의 삶에서 작은 기쁨의 원천이기를 소망합니다.

앞으로의 삶도 건강과 즐거움이 늘 함께하시기를 기원합니다.

목차

프롤로그 | 그 겨울, 철원에서 — 5
추억록 발간에 즈음하여 | 김낙곤 — 6

1부 기억 속의 추억들

얼음판 위의 군대 축구 — 14
최전방에서 벙크 작업 — 16
그날, 내 기억 속의 비무장지대 풍경 — 19
눈 쌓인 산길의 추억 — 22
철원의 눈 속 추억 — 25
기억 속에 피어나는 이름 — 27

2부 전우애와 우정의 시간들

검문소의 전설적인 밤 — 30
묘지에서 캐 온 크리스마스 — 33
청춘의 흔적을 따라 걷다… 철원의 기억들 — 35
매복조의 밤, 적막 속의 자유 — 37
철책선 교제 작업의 추억과 전우애 — 39
발칸포 대피호에서 발굴한 시간의 조각들 — 42

3부   병영 생활의 해프닝… 6검 시절의 추억

묘지 앞의 모자와 편지	- 46
논에서의 하루	- 49
그 겨울의 애인 사진 콘테스트	- 51
개구리 대접 받던 날	- 54
물 길러 다닌 날들	- 57
곤란했던 물집 할아버지… 그물, 낚싯대 압수 사건	- 60
검문소의 일상	- 63
삐라가 흩날리던 들판에서	- 65
후레쉬 불빛 아래, 여름밤의 해프닝	- 68

4부   군 생활 속의 인연과 기억

사과, 그 붉은 기억	- 74
머리로 당겨라!	- 76
달밤의 체조, 그리고 남문기 후배	- 78
희귀한 인연, 하얀 눈 속의 약속	- 81
까치의 노래, 그리고 기적 같은 만남	- 84
수통에 담긴 막걸리와 청춘	- 87
뱀과의 전쟁, 그리고 김성진 선배님	- 90
봄비 속에 피어난 기적 같은 인연	- 92

5부 잊히지 않는 이름들

소대장님의 술 한 잔… 기억 속의 김낙곤 소대장님   - 98
백광현 선배님과의 추억… 기억 속의 백 선배님   - 101
잊히지 않는 이름… 염병술 선배님을 기억하며   - 104
기다림의 자리… 이차술 선배님을 기억하며   - 106
그리운 목소리, 따뜻한 얼굴… 윤광선 선배님을 기억하며   - 108
최 선배와의 첫 축구 경기… 최삼서 선배님에 대한 기억   - 110

6부 다시 찾은 전우들

다시 찾은 전우… 조○○ 후배님에 대한 기억   - 114
강인한 전우… 임효상 후배님을 기억하며   - 116
세월을 가로지르는 이름… 지상락 후배님을 기억하며   - 119
다시 이어진 인연, 그리고 작은 텃밭… 송예호 후배님에 대한 기억   - 122
순박한 청년… 권순창 후배님을 기억하며   - 126
그리움은 시간 속에 피어난다… 백명열 하사님을 기억하며   - 129

7부 기억의 조각을 모으며

기억의 조각들을 완성하기 위해서   - 134
겨울, 그들과 함께한 시간   - 137
별빛 아래, 자유의 밤   - 140
글쓰기, 마음의 등불을 켜다   - 143
철원의 별들, 다시 빛나다   - 145

8부 전우들에게 보내는 편지, 전우들에게 보내는 추억들

鐵原, 鐵의 三角地에서 / 김낙곤	- 148
전우여, 다시 만나는 그날까지 / 백광현	- 153
입영 열차는 청춘을 싣고 / 염병술	- 156
퇴직 후 텃밭에서 피어난 우정과 전우들의 이야기 / 염병술	- 159
청춘의 군번, 추억이 되다 / 이차술	- 162
흙에서 피어난 인연, 시간 위를 달리다 / 윤광선	- 165
동지의 불꽃, 추억의 길목에서 / 최삼서	- 168
꽃다발 빵에 담긴 추억 / 임효상	- 170
전우들이여, 다시 만난 우리가 반갑습니다 / 지상락	- 172
삽 한 자루의 인연 / 송예호	- 174
꿈은 이루어진다 / 송예호	- 178
내 인생의 자양분이 된 6사단 청성부대 2소대 / 권순창	- 181
문 병장님께 / 권순창	- 187
권순창 후배님께 / 문병우	- 189
군영의 불꽃, 우정의 서사 / 문병우	- 191

에필로그 ｜ 기억의 조각, 전우의 이름으로	- 194

1부

기억 속의 추억들

얼음판 위의 군대 축구

1979년 3월, 나는 철원의 보병 6사단 19연대 3대대 11중대 2소대에 자대 배치를 받았다. 그로부터 일주일도 채 지나지 않아 우리 소대는 제6검문소로 파견 명령을 받았다. 1년 동안의 근무를 위해 이동한 곳에서의 첫인상은 한마디로 '냉혹'이었다.

우리 숙소는 얇은 양철 구조물로 만들어진 가건물에 불과했다. 난방이라고는 석유난로 하나가 전부였지만, 석유가 턱없이 부족했다. 차가운 바람은 난로의 온기를 금세 앗아갔고, 우리는 얼음장 같은 밤을 매일 견뎌야 했다. 이곳에서의 하루는 나무를 구하러 가는 것으로 시작됐다.

매일 한 개 분대가 민통선 안의 공사 현장 트럭을 얻어 타고 나무를 하러 나갔다. 나무를 하러 간다지만, 그곳에서는 작은 즐거움이 기다리고 있었다. 바로 얼음판 축구였다.

축구공이 없으니 나무토막을 둥글게 잘라 공 대신 사용했다. 얼음판 위에서 축구를 한다는 건 여간 어려운 일이 아니었다. 발을 딛자마자 미끄러지기 일쑤였고, 넘어지지 않으려고 필사적으로 중심을 잡으며 몸개그 같은 모습이 연출되곤 했다. 그 우스꽝스러운 상황 속에서 웃음이 터졌고, 잠깐이라도 추위를 잊을 수 있었다.

그러나 이 얼음판 축구의 진정한 묘미는 따로 있었다. 바로 고참들의 발 밑에 나무토막을 슬쩍 차 넣는 순간이었다. 나무토막이 발에 걸리며 고참이 미끄러져 넘어지면, 우리는 얼음판에 자빠져 포복절도했다. 그 장면 하나로 하루치 스트레스가 해소되는 기분이었다. 고참들은 크게 화를 내지도 않았다. 모두가 똑같이 얼음판 위에서 몸개그를 펼치고 있었으니 말이다.

해가 저물 무렵, 우리는 겨우 나무를 지고 숙소로 돌아갔다. 한 걸음씩 나무 더미를 짊어진 어깨가 무거웠지만, 마음은 어쩐지 가벼웠다. 그렇게 또 하루가 지나갔다. 얼음판 위에서의 짧은 축구는 고된 군 생활 속에서 우리가 지킨 작은 자유, 그리고 유쾌한 생존 방식이었다.

최전방에서 벙크 작업

군대 시절, 우리 부대는 최전방 벙크를 구축하는 작업에 투입되었다. 눈으로 보이는 곳은 철조망이 촘촘히 얽혀 있었고, 그 너머에는 끝없는 산악 지형이 이어졌다. 상부에서 좌표를 찍어 주면 우리는 그 자리에 삽을 들고 나섰다. 땅을 파고, 철근을 세우고, 콘크리트를 부어 벙크를 만드는 일은 생각보다 고되고 지루했다. 온몸이 땀과 흙으로 범벅이 되는 건 일상이었다.

텐트 생활도 녹록지 않았다. 몸이 힘들다 보니, 졸병들에 대한 군기는 더 세지고 부담은 더 컸다. 산속의 바람이 스며들어 한기가 몸속으로 파고들었다.

힘든 상황에서도 하루하루는 어떻게든 지나갔다. 하지만 정말 잊을 수 없는 날들은, 좌표가 묘지 위에 찍혔을 때였다. 무덤이라니, 처음 들었을 땐 농담인 줄 알았다. 그러나 군대에서는 명령이 곧 법이었다. 피할 수도, 거부할 수도 없었다. 땅을 파야 했다.

무덤 작업은 주로 담력이 강한 고참들이 맡았다. 우리를 안심시키려는 건지, 아니면 겁을 주려는 건지, 작업 중에는 이상한 소문들이 줄줄이 흘러나왔다. "야, 저기서 금니를 발견했다더라. 이거 잘하면 한몫 잡는 거야." 또 어떤 이는 "발굴한 뼈를 민간인한테 팔면 꽤 쏠쏠하다더라" 같은 무시무시한 이야기를 하곤 했다. 그 말을 듣고 나면, 작업 중에 삽 끝에 뭔가 단단한 게 걸릴 때마다 심장이 덜컹 내려앉았다.

한 번은 동료가 흙 속에서 오래된 나무 상자를 발견했다. 모두가 기대에 찬 눈빛으로 상자를 둘러싸고 "야, 혹시 보물 아니야?"라고 떠들었다. 그러나 상자를 열어 보니, 안에는 낡은 유골만 덩그러니 들어 있었다. 그 순간 텐트로 돌아가더니, "내가 오늘 저녁에 이 구역 떠난다"라고 선언한 녀석도 있었다. 결국 아무 일도 없었지만, 그날 밤 텐트 안은 그 유골 이야기를 하느라 잠들지 못했다.

그렇게 힘든 시간은 느리지만 흘러갔다. 날마다 삽질을 반복하며, 비바람 속에서 빙크를 쌓아 올리며, 동료들과 작은 농담을 주고받으며 우리는 하루하루를 버텼다. 때로는 웃음이 나올 만큼 사소한 일들이 위안이 되었다. 텐트 안에서 끓이던 라면 한 그릇, 누군가 몰래 들여온 군것질거리, 휴가를 앞둔 동료의 들뜬 표정까지.

돌아보면 그 모든 기억들이 낡은 사진첩처럼 머릿속에 떠오른다. 당시에는 왜 우리가 그렇게 힘든 일을 해야만 했는지 원망도 하고 불만도 가졌지만, 지금은 그 모든 것이 나의 청춘이었다고 생각한다. 매일 삽을 들고 걷던 산길, 고된 노동 끝에 마셨던 미지근한 물 한 모금, 텐트 안에서 함께 나눈 소소한 웃음.

내 군대 생활은 그렇게 지나갔다. 힘들고도 따뜻했던 그 시간이, 가끔씩 내 마음속에 잔잔한 여운으로 남아 있다.

그날, 내 기억 속의 비무장지대 풍경

군대 시절, 우리 부대는 늘 바빴다. 최전방 철책을 교체하고 벙커를 새로 구축하는 작업이 매일같이 이어졌다. 삽을 들고 땅을 파고, 철조망을 설치하며 하루를 보내다 보면 온몸은 땀과 먼지로 범벅이 되었다. 밤이면 매트리스 대신 차디찬 땅바닥 위에서 쏟아지는 피곤함에 기절하듯 잠들곤 했다. 군 생활이란 원래 그런 것이라며 다들 묵묵히 견뎠지만, 가끔은 숨이 막힐 만큼 답답했다.

그러나 그 고단한 일상 속에서도 선물 같은 순간이 있었다. 작업을 마치고 잠시 쉬는 시간에, 나는 비무장지대 너머로 펼쳐진 풍경을 바라보곤 했다. 철책선 너머, 그 누구의 손길도 닿지 않은 자연이 있었다. 무성하게 자란 나무들 사이로 바람이 지나며 잎사귀를 흔들었고, 이름 모를 새들이 자유롭게 하늘을 가르며 날아다녔다. 아무 소리도 들리지 않는 그 고요 속에서, 나는 마음이 잠잠해지는 것을 느꼈다.

어느 날이었다. 멀리 보이는 산자락 아래에서 무언가 낯익은 형상이 내 시선을 사로잡았다. 그것은 오래된 마을의 흔적이었다. 가까이 다가갈 수는 없었지만, 희미하게 보이는 담벼락과 무너진 집터는 이곳이 한때 누군가의 삶의 터전이었음을 말해 주고 있었다. 마을 어귀를 지키던 커다란 느티나무 한 그루는 여전히 꿋꿋이 서 있었다. 그것은 마치 마을의 마지막 기억을 품고 있는 수호자 같았다.

"저곳에도 사람이 살았겠지."
 나는 담벼락을 가만히 바라보며 생각했다. 언젠가 이곳에서도 아이들이 뛰어놀고, 밭에서는 농부들이 흙을 일구었을 것이다. 저 느티나무 아래에서는 마을 사람들이 모여 담소를 나누고, 추운 겨울에는 아궁이에서 연기가 피어올랐을지도 모른다. 그 집터들은 그저 돌과 흙으로 만들어진 것이 아니었다. 누군가의 소중한 추억과 삶이 깃들어 있던 자리였다.

 그러나 지금은 아무도 없다. 전쟁의 상처는 이곳에서 사람들의 삶을 지웠고, 남은 것은 황량한 잔해뿐이었다. 나는 문득 그들의 후손들은 어디에서 살고 있을지 궁금해졌다. 고향을 그리워하며 여전히 이곳을 기억하고 있을까, 아니면 이제는 아예 잊힌 곳이 되어 버린 걸까.

 그때 하늘 위를 나는 새 한 무리가 보였다. 그들은 남과 북의 경계를 자유롭게 넘나들고 있었다. 철책도, 국경도 그들에게는 아무 의미가 없었다. 그들의 날갯짓은 바람에 실려 가벼웠고, 어디로든 갈 수 있는 듯 보였다. 나는 그 자유로움이 부러웠다.

 시간은 흘러, 그날 바라보았던 풍경은 이제 내 기억 속에서 점점 흐릿해지고 있다. 하지만 그 장면은 여전히 내 마음 한구석에 자리 잡고 있다. 잃어버린 마을의 흔적, 자유롭게 하늘을 나는 새들, 그리고 그 모든 것을 품고 있던 고요한 자연.

나는 가끔 생각한다. 그 느티나무는 아직도 그 자리에 서 있을까? 혹시 그곳에 다시 사람들의 발자국이 남을 날이 올까? 아니면 나처럼 누군가가 우연히 그 풍경을 바라보며 잊고 있던 고향을 떠올릴까?

그날, 나는 비무장지대에서 단순히 자연을 본 것이 아니었다. 그것은 우리가 잃어버린 평화, 그리고 오래된 기억이었다.

눈 쌓인 산길의 추억

1979년 겨울, 철원 평야 한가운데 제6검문소에서 보낸 나날. 매일 한 분대가 화목을 구하러 산으로 나갔다. 그저 나무를 베러 가는 일일 뿐이라고 생각했다. 그러나 김 상병님에게 화목은 빙산의 일각일 뿐이었다. 그의 손에는 늘 낫 한 자루와 둘둘 말린 삐삐선 두어 바퀴가 들려 있었다.

산에 도착하면 그는 으레 나를 데리고 따로 움직였다. "가자, 토끼 잡으러." 그 말에 가슴이 두근거렸다. 눈 덮인 산속에서 토끼를 잡는다는 건 영화 같은 일이었으니까. 하지만 그의 첫 지시는 뜻밖이었다.

"노래 불러라."

노래라니? 눈 덮인 산에서, 그것도 군복 차림으로 노래를 부르라니, 어이가 없었다. 그러나 고참의 명령은 거역할 수 없는 법. 나는 어설픈 목소리로 노래를 시작했다. 산길을 따라 걷다 보니 어느새 눈 속에 찍힌 작은 발자국들이 보였다. "토끼다." 그의 눈빛이 반짝였다.

발자국을 따라 조심스레 걷다 보면, 나무와 나무 사이로 토끼가 지나간 흔적이 보였다. 그는 거침없이 움직였다. 낫으로 잔가지를 정리하고, 삐삐선으로 올무를 만들었다. 휘어진 나뭇가지 끝에 올무를 단단히 묶고, 돌멩이 하나를 가볍게 얹었다. "여기에 걸린다. 기다려 보자." 그의 말은 자신감으로 가득 차 있었다.

다시 발자국을 따라 노래를 부르며 걷다 보면, 갑자기 나무 끝에서 끽끽 소리가 들려왔다. 올무에 걸린 토끼가 허공에 매달려 있었다. 김 상병님의 표정은 승리감으로 빛났다.

"토끼는 항상 자기가 다니던 길로만 다닌다. 길목만 알면 끝이야."

그의 말은 설득력이 있었다. 그는 고향 양평 뒷산에서 토끼의 씨를 말렸다는 전설적인 인물이었다.

그의 솜씨 덕분에 그 겨울, 우리는 몇 번이고 토끼를 잡았다. 불 앞에서 익혀 먹던 토끼고기의 냄새, 눈 위에 찍힌 발자국의 선명함, 그리고 그의 목소리가 떠오른다.

지금도 눈 내리는 날이면 그때의 산길이 떠오른다. 김 상병님과 함께 걷던 그 하얀 길, 노래하던 목소리, 그리고 토끼가 나무 끝에 매달려 흔들리던 순간. 그 겨울은 유난히 춥고 길었지만, 따뜻한 추억으로 오래도록 내 마음에 남아 있다.

김 상병님, 어디선가 당신도 그 겨울을 기억하고 있을까요?

철원의 눈 속 추억

겨울이 되면 제6검문소에서는 매일 한 분대가 산으로 올라갔다. 그 목적은 화목 작업, 즉 땔나무를 마련하기 위해서였다. 산까지의 거리는 멀었고, 매일 점심을 챙겨 가야 했기에 우리는 번거로움을 피하기 위해 주로 라면을 준비했다. 땔나무를 쓸 만한 크기로 자르고, 칡넝쿨로 단단히 묶어 두는 일이 주된 임무였지만, 추운 철원의 산에서의 작업은 쉽지 않았다.

눈이 한 번 오기 시작하면 온 산이 하얗게 변했다. 주먹만 한 눈송이들이 펑펑 쏟아지는 날, 우리는 빈 밭 한가운데에 모닥불을 피워 놓았다. 그 주변에 둘러앉아 끓여 먹는 라면은 그 어떤 정식 식사보다도 훨씬 더 맛있게 느껴졌다. 뜨거운 국물이 몸을 녹여 주고, 라면의 따뜻함이 동료들과의 우정을 더욱 깊게 해 주었다.

운이 좋다면, 경월 소주 한 병을 챙겨 와 함께 나누었다. 소주 한 잔에 담긴 이야기는 우리의 피로를 씻어 주었고, 눈 내리는 풍경 속에서 더욱 빛났다. 모닥불 옆에서 나누던 웃음과 수다, 그리고 함께한 고된 작업은 지금도 생생하게 떠오른다.

철원의 차가운 공기 속에서 땀을 흘리며 일했던 그날들, 그리고 함께한 전우들의 따뜻한 마음이 그립다. 눈 내리는 산속에서 나눈 작은 행복들이 오늘날의 나를 이루는 소중한 기억으로 남아 있다. 다시 그 시절로 돌아갈 수는 없지만, 마음 속 깊이 간직한 그 추억들은 언제나 나를 따뜻하게 감싸 준다.

기억 속에 피어나는 이름

　살다 보면 잊고 지내던 얼굴들이 문득 떠오를 때가 있다. 바쁜 일상 속에 흐릿해져 가던 이름들이 어느 한가한 날, 바람결처럼 스쳐 가슴속에 흔적을 남긴다. 그리움이란 참 묘하다. 오래도록 잊고 있었다고 믿었는데, 한순간 기억의 조각들이 퍼즐처럼 맞춰지며 그 사람이 다시 살아난다.

　얼마 전, 군대 전우가 생각났다. 긴 시간 동안 잊고 지냈던 이름인데, 갑자기 마음 한편에서 그의 안부가 궁금해졌다. 함께 훈련받던 무더운 여름의 냄새, 휴가를 기다리며 나눴던 소소한 대화들, 철모 너머로 보던 푸른 하늘까지도 선명해졌다. 그리움이란 기억의 낙엽 속에 묻혀 있던 추억들을 꺼내 세상의 빛을 쬐게 하는 일일까.

　그의 고향, 출신 학교, 몇 가지 단서를 더듬으며 이름을 검색하기 시작했다. 조각난 기억들이 하나둘 이어지며 희미한 실마리가 보이기 시작했다. 그리고 마침내, 한 온라인 카페에서 그의 흔적을 발견했다. 화면 속에서 마주한 그는 젊은 날의 기억 속 모습과는 사뭇 달랐다. 머리카락이 희끗해지고, 세월의 무게가 느껴지는 얼굴. 반가움과 함께 찾아온 세월의 무상함은 내 마음을 복잡하게 만들었다.

카페에 남긴 메시지가 그에게 닿을지 알 수 없다. 그가 내 연락을 받을지, 다시 목소리를 들을 수 있을지조차 장담할 수 없다. 그러나 먼발치에 서라도 그의 소식을 확인하고, 여전히 이 세상 어딘가에서 살아가고 있다는 사실에 마음이 조금은 따뜻해졌다. 그것만으로도 충분했다.

사람에 대한 그리움은 어쩌면 미처 다 읽지 못한 책의 한 페이지 같은 것일지도 모른다. 문득 손에 들려 다시 읽기 시작하면, 그 안의 문장들이 여전히 내 마음을 울리고 나를 부드럽게 감싼다. 그리움은 우리가 서로의 삶 속에 여전히 존재하고 있다는 작은 증표다.

우리는 모두 다른 길을 걷지만, 어딘가에서 다시 만날 수 있다는 희망을 품고 살아간다. 그 희망이 우리를 더 따뜻한 사람이 되게 하고, 서로의 삶을 풍요롭게 채워 주는 것이 아닐까. 그리움이란, 그 사람의 이름을 떠올리는 것만으로도 내 하루가 조금 더 빛나게 되는 작은 기적이다.

2부

전우애와 우정의 시간들

검문소의 전설적인 밤

이등병 시절, 내 군 생활은 매일이 예측 불가능한 에피소드로 가득했다. 그중에서도 7검문소에서 근무를 서던 어느 저녁의 일은 지금도 생생하다.

그날 밤, 평소처럼 근무를 서던 중 멀리서 고참들이 무언가를 둘둘 말아 멍석에 싸서 어깨에 메고 나타났다. 얼굴에는 긴장감이 감돌았고, 숨을 몰아쉬며 말했다.

"야, 큰일 났다. 실수로 사람을 죽였어. 이거 빨리 처리해야 돼. 아무도 모르게."

순간 머릿속이 하얘지고 심장이 쿵 내려앉았다. 사람을 죽였다고? 이걸 내가 본 이상, 나도 공범 되는 거 아니야? 온갖 생각이 머리를 스쳤다.

고참들의 표정은 심각했지만, 왠지 눈빛은 이상하게 즐거워 보였다. 하지만 당시의 나는 이등병이었다. 이등병에게 고참의 말은 곧 진리였다. 나는 숨도 제대로 못 쉬고 그 멍석을 뚫어지게 쳐다봤다.

"뭘 멍하니 서 있어? 우리 소대가 다 위험해질 수도 있다니까!"

급박한 고참의 말에, 나는 입술을 질끈 깨물었다. 이거 어디다 묻는 거지? 시체 처리라는 게 이렇게 급박한 거구나. 머릿속은 이미 한 편의 범죄 영화가 재생되고 있었다.

그런데 이내 고참들끼리 쑥덕거리더니 한 명이 피식 웃음을 터뜨렸다. 그리고 마침내, 고참 중 한 명이 멍석을 풀며 말했다.

"야, 겁먹지 마라. 주인 없는 동네 개 잡아 온 거야. 이따가 맛있게 먹으려고."

그제야 나는 허탈한 웃음과 함께 안도의 한숨을 내쉬었다. 개라니… 그 순간, 소대장님이 오실까 봐 괜히 주변을 두리번거리는 내 모습이 너무 초라했다.

잠시 후, 나는 근무 교대를 마치고 소대로 돌아왔지만, 그날 밤 7검문소에선 소문난 개고기 파티가 열렸다는 소식을 들었다. 고참들은 그날의 고단한 근무를 맛있는 고기로 달랬다며 자랑스럽게 떠들었다.

지금 와서 생각하면 상상조차 할 수 없는 일이지만, 그 시절에는 이상하게도 다들 자연스럽게 받아들였다. 그렇게 나의 이등병과 일병 시절은 매일이 아슬아슬하고도 황당한 에피소드들로 채워져 갔다.

2부 : 전우애와 우정의 시간들

이런 게 바로 군대라는 곳의 매력이 아닐까? 물론, 당시에는 그렇게 생각할 여유조차 없었다.

묘지에서 캐 온 크리스마스

군 생활 10개월 차, 크리스마스를 며칠 앞둔 어느 칠흑 같은 밤이었다. 갑자기 고참이 나를 불렀다. 삽 한 자루를 건네며 따라오란다. 그 시절, 고참의 말은 명령이었다. 무슨 일이지? 불안한 마음을 애써 눌러 가며 고참 뒤를 따라나섰다.

한참을 걷고 도착한 곳은 뜻밖에도 무덤 앞. 온몸에 소름이 돋았다. 깜깜한 밤, 삽, 그리고 무덤이라니. 영화 속 공포 장면이 떠올랐고, 심장은 미친 듯이 뛰었다. 하지만 고참은 놀랍도록 여유로워 보였다.

"왜 여기에 왔습니까?"

"나무 캐러 왔다."

뭐라고? 무덤 앞 나무를? 순간 머리가 멍해졌다. 고참은 아무렇지 않게 삽질을 시작했고, 나도 덜덜 떨며 삽을 들었다. 떨리는 손으로 나무를 캐 내려 했지만, 흙은 단단했고 삽은 내 말을 듣지 않았다. 한참을 고군분투 하자 고참이 답답한 듯 삽을 빼앗아 능숙하게 나무를 캐냈다.

그렇게 무덤 앞에서 캐낸 나무를 들고 부대로 돌아왔다. 내무반에 도착한 고참은 그 나무를 성스러운 물건처럼 세워 두며 말했다.

"이제 크리스마스 트리를 만들자."

나무를 장식하니 분위기가 확 바뀌었다. 어두웠던 내무반에 성탄의 빛이 찾아왔다. 웃으며 나무를 바라보는 동기들과 고참들 사이에서, 나는 그 나무의 출처를 떠올리며 묘한 기분에 사로잡혔다.

며칠 뒤, 사건이 터졌다. 나무의 원래 주인인 묘지 관리인이 트리를 보러 부대까지 찾아온 것이다.
"그 나무, 내 거다!"라고 항의했지만, 우리 부대원들은 시치미를 뗐다.

"무슨 나무요? 저희는 모릅니다."

관리인은 몇 번이고 항의하다 결국 포기하고 돌아갔다. 그 나무는 끝내 크리스마스가 지나고도 한동안 내무반 한구석에 자리를 지켰다.

지금 돌이켜보면 웃음이 나는 에피소드지만, 당시에는 떨림과 두려움, 그리고 크리스마스의 따뜻함이 묘하게 뒤섞인 이상한 기억으로 남아 있다. 그렇게 나의 일병 시절은 지나가고 있었다.

청춘의 흔적을 따라 걷다…
철원의 기억들

군복을 입고 철원에서 보낸 34개월은 단순히 의무를 다했던 시간이 아니었다. 그곳은 내 청춘의 한 페이지를 장식한, 잊을 수 없는 추억의 무대였다.

한탄강은 철원을 생각하면 가장 먼저 떠오르는 곳이다. 용암이 흘러가며 빚어낸 절벽과 그 아래로 유유히 흐르는 강물은 자연이 만들어 낸 예술작품 같았다. 초소 근처에서 잠깐 걸으면 닿을 수 있는 강가에서 바라본 풍경은 매일 보아도 새로웠다. 그 고요하고도 장엄한 모습은 지금도 내 마음속에 선명하다.

삼부연 폭포는 제대를 앞두고 면회 온 후배와 함께 찾았던 곳이다. 크고 화려하지는 않지만, 물이 흘러내리는 모습은 소박하면서도 깊은 아름다움을 품고 있었다. 한참을 바라보며 나와 후배는 특별한 대화 없이도 서로의 마음을 이해할 수 있었다. 자연의 평온함이 우리를 감싸고 있었던 기억이다.

고석정과 직탕폭포는 훈련 도중 잠시 들렀던 장소다. 군복은 땀으로 젖고 피곤이 밀려오는 와중에도 그곳에서 본 풍경들은 마음을 쉬게 해 주었다. 직탕폭포의 물줄기는 힘차게 흘렀고, 고석정의 기암절벽은 단단하게 서 있었다. 그 순간만큼은 훈련의 고됨도 잊고 자연 속에 나를 맡겼다.

철원은 단순히 자연의 아름다움만 간직한 곳이 아니었다. 철원 공산당 건물, 월정리역, 제2땅굴 같은 역사적인 장소들은 우리의 아픈 과거를 증언하고 있었다. 분단의 현실 속에서 군 생활을 하며 그곳을 마주했을 때, 조국의 의미와 내 삶의 방향에 대해 진지하게 생각했던 순간들이 떠오른다.

지금도 전우들과 함께 철원을 다시 찾는 꿈을 꾼다. 고된 훈련 중에 나눈 웃음, 땀방울 속에 피어난 우정, 그리고 철원의 풍경 속에서 느낀 청춘의 감정들. 언젠가 함께 그곳을 걸으며 그 시절의 추억을 되새길 수 있기를. 철원은 나에게 단순한 지명이 아니라, 내 젊음의 흔적이 깃든 또 하나의 고향이다. 철원, 그곳에는 내 청춘의 조각들이 여전히 살아 숨 쉬고 있다.

매복조의 밤, 적막 속의 자유

군대에서 매복조 근무는 꽤나 특별했다. 분대 단위로 이루어진 매복조는 해질녘, 조용히 부대를 떠났다. 우리 손엔 실탄을 장전한 총과 수류탄이 들려 있었고, 허리춤에는 판초우의와 담요가 묶여 있었다. 겉보기엔 진지하고 단호해 보였지만, 속으론 설렘과 긴장이 뒤섞인 복잡한 감정이 깃들어 있었다.

매복지에 도착하면 우리는 적이 나타날 만한 침투로 근처에 자리 잡았다. 풀숲이나 바위 뒤, 웅크린 자세로 숨죽이며 밤을 보낼 준비를 했다. 하지만 군인이라 해도 감각을 곤두세운 채 밤새 기다리는 일은 쉽지 않았다. 그래서 매복조는 본격적인 임무가 시작되기 전, 은밀한 즐거움을 찾아 나섰다.

매복지로 이동하는 길에는 의외의 기회가 많았다. 냄비며 라면 같은 먹거리를 챙기는 건 기본이었다. 운이 좋은 날엔 마을에서 닭 한 마리를 공수하기도 했다. 매복지에 도착하면 다 함께 작은 불을 피우고 끓는 물에 라면을 투하하거나 닭을 삶았다. 어둠 속에서 김이 모락모락 피어오르고, 라면 냄새가 퍼지면 순간 여기가 전쟁터인지 캠핑장인지 헷갈릴 정도였다. 뜨거운 국물을 들이켜며 "이 맛이 군대 최고야!"라며 웃음을 터뜨리곤 했다.

 점검조가 오기 전까지는 긴장감이 감돌았다. 점검조가 불시에 나타나면 모든 행동이 들통날 수 있었으니, 라면 냄비를 급히 감추거나 뒷정리를 하느라 진땀을 뺐다. 하지만 점검조가 떠나고 나면 우리에게는 고요한 자유가 찾아왔다. 별이 쏟아질 듯 빛나는 밤하늘 아래에서, 서로 속마음을 털어놓거나 어린 시절 이야기를 나누며 시간을 보냈다. 적의 발소리를 들으려고 귀를 기울이면서도, 마음 한편은 꽤나 여유로웠다.

 매복의 밤은 길고도 짧았다. 동이 트면 장비를 챙기고 부대로 돌아왔다. 아침이 되어 침상에 누우면 피곤한 몸이 침대에 스며들었다. "오늘도 무사히 지나갔다"는 안도감과 함께 깊은 잠에 빠졌다.

 매복조의 시간은 군대의 일상이 빚어낸 특별한 순간들이었다. 그날의 라면 냄새와 닭고기의 따스함, 별빛 아래의 적막함이 어우러진 기억은 여전히 생생하다. 힘들었지만 그 속엔 분명히 우리만의 작은 행복이 숨어 있었다. 아마 그땐 몰랐겠지만, 그 밤들이 내 청춘의 한 조각으로 오래도록 빛나리라는 걸 지금은 안다.

철책선 교체 작업의 추억과 전우애

 군 복무 시절, 정확히 몇 년도였는지는 기억나지 않지만, 우리 대대는 철책선 교체 작업에 투입된 적이 있다. 최전방 경계 강화를 위해 반드시 수행해야 하는 군사 작업이었고, 정해진 기간 내에 마쳐야 했기에 일정은 고되고 작업은 극도로 힘들었다. 그러나 그 고된 날들은 어느덧 내게 깊은 추억으로 남았다.

 작업은 각 중대와 소대별로 구간이 나뉘어 진행되었고, 북측의 이상 동향에 대비하기 위해 단기간에 끝내야 했다. 가장 힘들었던 것은 차량이 접근할 수 없는 가파른 언덕에서 시멘트, 모래, 자길, 물을 등에 지고 올랐던 일이었다. 각자의 등에 실린 짐은 마치 산 하나를 짊어진 듯한 무게로 느껴졌다. 오르막을 오를 때마다 다리가 후들거리고, 숨이 차올랐다. 오전에 한 번, 오후에 한 번밖에 운반할 수 없을 정도로 험하고 먼 길이었다. 하루가 끝나면 우리는 땀범벅 속에서도 서로를 보며 위로를 건넸다.

 전 사단이 동원된 작업이었고, 헌병대도 지원을 나왔다. 헌병들도 우리와 함께 등짐을 지고 언덕을 올랐다. 그들이 평소에는 우리 보병들을 단속하는 까다로운 존재였지만, 이때만큼은 동료였다. 그들은 우리 고생을 직접 체험하며 최전방 병사들의 어려움을 몸소 느꼈을 것이다. 이후 휴가를 다녀올 때, 헌병대가 우리에게 한층 부드러운 태도로 대했다는 이야기를 들으며 묘한 뿌듯함을 느꼈다.

작업 기간 내내 밤낮없이 이어진 일정은 몸과 마음을 모두 지치게 했다. 특히 야간 작업은 더 위험하고 힘들었다. 깜깜한 산비탈에서 삽으로 구덩이를 파고, 철주를 세울 때마다 미끄러질까 긴장했다. 시멘트와 모래, 물을 섞어 철주를 고정하고 철책을 치고 나면, 상단에 철조망을 설치하는 작업이 이어졌다. 손은 거칠게 갈라지고, 철조망에 긁혀 피가 나는 일도 다반사였다. 그러나 그런 순간마다 서로의 등을 두드리며 "조금만 더 힘내자"는 말을 건넸다.

하루 일과를 마친 밤, 임시 천막 안에서 먹었던 따뜻한 라면 한 그릇은 세상 무엇과도 바꿀 수 없는 위로였다. 굳은살 박인 손으로 숟가락을 들며 웃던 전우들의 얼굴이 아직도 눈에 선하다. 그런 순간들이 있어 우리는 고된 작업 속에서도 서로를 의지하며 버틸 수 있었다.

작업이 끝난 후, 철책선을 따라 올라가면서 새롭게 세운 철주와 철조망을 바라보던 순간이 떠오른다. "우리가 이걸 해냈구나"라는 성취감이 밀려왔고, 최전방 경계를 더 견고히 지킬 수 있다는 자부심도 느껴졌다. 하지만 무엇보다 그 시간을 빛나게 한 것은 함께 고생했던 전우들이었다.

그들은 단순한 동료가 아니었다. 땀과 고통을 나누며 서로의 아픔을 보듬었던 진정한 형제들이었다. 지금도 가끔 그들이 어떻게 지내고 있을지 궁금하다. 그 시절 우리는 아무것도 가지지 못했지만, 모든 것을 가진 듯한 마음으로 함께했다. 그 시절의 전우애와 땀내 나는 추억은 내 인생에서 가장 빛나는 기억으로 남아 있다.

발칸포 대피호에서 발굴한
시간의 조각들

군 시절, 우리 소대는 발칸포 대피 방공호 작업에 투입되었다. 말로는 방공호라지만, 실상은 삽질과 땀으로 채워지는 고된 노동의 연속이었다. 텐트를 치고 장기 작업에 들어간 우리에게 매일매일은 반복되는 일상이었고, 특별한 일 없이 흘러가는 시간이었다. 그러던 어느 날, 뜻밖의 발견이 우리 작업장의 분위기를 바꿔 놓았다.

땅을 파던 중에 낡은 사기 그릇 하나가 흙 속에서 모습을 드러냈다. 처음에는 이걸 대수롭지 않게 생각했다. 군 생활에서 사소한 일에 특별함을 찾기란 쉽지 않으니까. 우리는 그 사기 그릇을 간단히 씻어 개밥그릇으로 쓰기로 했다. 마침 텐트 근처에서 기르던 개가 있었으니 딱 적합하다고 여겼다.

하지만 그날 이후로 이상하게도 도자기 조각들이 여기저기서 계속 발견되기 시작했다. 단순히 깨진 그릇이 아니라, 잘 보면 무늬가 새겨져 있거나 반짝이는 광택이 남아 있는 것들이었다. 게다가 구슬 같은 물건들도 흙 속에서 나오기 시작했다. 그제야 우리는 이곳이 단순한 방공호 작업지가 아니라는 생각을 하게 되었다.

마침 우리 소대에는 도자기에 대해 남다른 지식을 가진 지 일병이 있었다. 평소에도 그는 도자기나 유물 이야기를 할 때마다 눈을 반짝이며 이야기하곤 했는데, 이번에도 흥미로운 표정으로 조각들을 하나씩 살펴보기 시작했다. 그의 말에 따르면, 이 도자기 조각들은 평범한 그릇에서 나올 법한 것이 아니라고 했다.

우리 소대는 지 일병의 말을 듣고 조각들을 모아 상부에 보고할 계획을 세웠다. 동시에 지 일병이 휴가를 얻어 전문가에게 이 도자기들을 감정받도록 주선했다. 정확히 어떻게 진행되었는지는 기억이 흐릿하지만, 상부에 보고된 후 일이 크게 번진 건 분명하다.

보고 이후 3일 동안 작업이 전면 중단되었다. 그간의 고된 노동에서 잠시 벗어나 느긋하게 쉴 수 있었던 그 시간은 우리에게 예상치 못한 휴식이었다. 그리고 어느 날, 포상으로 돼지 한 마리와 막걸리가 내려왔다. 온 소내가 모여 돼지를 구워 먹고 막걸리를 나누며 웃고 떠들었다. 그날의 소박한 잔치는 고된 군 생활 속에서도 빛나는 추억으로 남았다.

나중에 알게 된 이야기지만, 우리가 작업하던 그곳은 오래전 사람들이 살았던 마을 터였다고 한다. 그들의 삶의 흔적이 담긴 도자기 조각과 구슬은 우리가 잠시나마 시간을 거슬러 올라가게 만든 선물이었던 셈이다.

고된 작업 속에서도 예상치 못한 발견이 있었기에, 그곳에서의 날들은 단순히 힘든 기억으로만 남지 않았다. 발칸포 대피호가 아닌 시간의 조각들을 발굴했던 그 순간은 우리 모두에게 특별한 의미로 자리 잡았다.

3부

병영 생활의 해프닝…
6검 시절의 추억

묘지 앞의 모자와 편지

 겨울의 산은 늘 적막했다. 그날도 화목 분대와 함께 화목용 나무를 찾으러 산을 헤매던 중이었다. 산 깊숙한 곳에서 한 묘지를 발견했다. 묘지는 흔했지만, 이번엔 무언가 특이했다. 묘지 앞 상석 위에 하얀 커브가 씌어진 모자가 하나 얹혀 있었다.

 "모범택시 기사 모자인데… 왜 여기에?"
 호기심과 두려움이 동시에 밀려왔다. 나는 천천히 다가가 모자를 집어 들었다. 그런데 그 안에는 뜻밖에도 편지 한 통이 들어 있었다.

 편지를 집어 들던 내 손은 떨리고 있었다. 여기서 이걸 읽어도 되는 걸까? 묘지 앞에서 남의 편지를 몰래 읽는다는 죄책감과 알 수 없는 두려움이 밀려왔지만, 궁금함은 이 모든 감정을 이겨 냈다.

 편지 봉투를 열고 펼친 순간, 정갈한 글씨가 눈에 들어왔다.

 "당신이 떠난 지 벌써 1년이 되었네요…"

그 편지는 사랑했던 남편을 그리워하는 아내의 긴 독백이었다. 남편의 죽음을 받아들일 수 없다는 애통함, 함께했던 시간에 대한 감사와 아쉬움, 그리고 끝내 전하지 못한 마음들. 모든 문장이 진심으로 가득했다.

나는 숨을 죽이고 한 글자, 한 문장을 따라 읽으며 묘한 감정에 휩싸였다. 사랑이 이렇게 깊고도 절절할 수 있구나, 그리고 그 이별의 고통이 얼마나 무거운가를 처음으로 느낀 순간이었다.

편지를 다 읽고 모자를 다시 상석 위에 올려놓으며 마음이 어쩐지 무거웠다. 그 후 산을 내려오며 나는 한동안 아무 말도 하지 못했다.

그날의 묘지는 단순히 산속의 한 무덤이 아니었다. 그것은 삶과 죽음의 경계에서 사랑이 어떻게 이어지는지를 보여 준 상징이었다. 편지 속 아내는 세상에 없는 남편에게 여전히 말을 걸고 있었다.
"당신 없이 하루도 편하지 않았어요. 그래도 당신이 남긴 추억이 나를 버티게 해 줍니다."

그 글귀가 계속 머릿속을 맴돌았다. 편지는 그저 종이가 아니었다. 그것은 살아 있는 사람과 떠난 사람을 잇는 끈이었다.

며칠 뒤, 마을 주민에게서 들은 이야기는 편지의 무게를 더 실감나게 했다.

"그분 부인이 참 고운 분이었어. 항상 밝은 분이었는데, 남편 돌아가시고는 많이 힘들어했지. 매년 묘지 찾아와서 정성껏 손질하고 돌아가더라고."

나는 그 말을 들으며, 묘지 앞에서 본 모자와 편지가 마치 시간 속에서 얼어붙은 사랑의 증표 같다는 생각이 들었다. 그들에게는 이제 말을 주고받을 시간도 없고, 함께할 내일도 없지만, 그 편지 속에는 여전히 현재형의 사랑이 살아 숨 쉬고 있었다.

그날 이후, 그 묘지는 내 마음속에 깊이 새겨졌다. 단순한 군대의 에피소드로 넘길 수 없었다. 매서운 겨울바람 속에서도 따뜻했던 사랑, 죽음조차 끊어 내지 못한 그 애틋함이 내 가슴에 강렬한 흔적으로 남았다.

그렇게 나는 깨달았다. 사랑은 죽음 뒤에도 남아, 기억 속에서 계속 숨 쉬고 있다는 것을. 그리고 그 사랑은 때로는 묘지 위 하얀 모자와 한 통의 편지로 세상에 모습을 드러낸다는 것을.

논에서의 하루

가을 햇살이 따뜻했던 어느 날, 윤 상병님과 나는 7검문소에서 오전 근무를 섰다. 근무를 마칠 무렵, 윤 상병님이 내게 말했다.

"문 일병, 저 앞 동네 아주머니께서 추수 일을 도와달라는데 같이 가자."

졸병이 무슨 대답을 할 수 있었겠는가? 나는 말없이 고개를 끄덕였다. 그렇게 우리는 아주머니가 계신 논으로 향했다.

논에 도착하니, 이미 트랙터로 벼를 베고 타작까지 끝낸 상태였다. 그런데 벼가마가 논바닥에 여기저기 흩어져 있었다. 그것들을 경운기에 싣는 작업이 남아 있었는데, 이게 만만치 않은 일이었다. 논 한가운데에서 아주머니 혼자 동분서주하고 계셨다. 주변에는 일손을 거들어 줄 사람도 보이지 않았다.

우리는 있는 힘껏 벼가마를 들고 경운기에 실었다. 무거운 벼가마를 들 때마다 온몸이 땀으로 젖었고, 허리가 끊어질 듯했지만 아주머니의 감사한 눈빛에 피곤함도 잊혔다.

그런데 그 순간, 소대에서는 난리가 났다. 근무를 마친 두 병사가 귀대하지 않았으니 당연했다. 당시 6검문소 일대는 최전방이었고, 병사들의 동태는 철저히 통제되고 있었다. 가끔씩 월북 사태가 벌어지던 시절이니 더더욱 민감할 수밖에 없었다.

소대에서는 태권도 교육 중이었는데, 분대장이 동료들을 데리고 구보로 7검까지 뛰어왔다. 상황을 파악한 그는 말없이 볏가마를 들기 시작했다. 다른 병사들도 함께 나섰다. 그렇게 우리 모두는 논바닥에 남은 볏가마를 재빨리 경운기에 실었다.

작업을 마친 후, 분대장은 우리를 크게 꾸짖지 않았다.

"좋은 일 한 거 알지만, 다음부턴 보고는 해야지."

그날 밤, 내 마음은 이상하게 따뜻했다. 얼마나 답답했으면 아주머니가 군인들에게 도움을 요청했을까? 비록 엄격한 군대 규율 속에서도, 잠시나마 누군가에게 도움이 될 수 있었다는 사실이 흐뭇했다.

윤 상병님은 지금 어디에서 어떻게 지내고 계실까? 늘 부드럽고 너그러운 표정으로 사람들을 돕던 그 모습이 아른거린다.

그렇게 나의 졸병 시절은 조금 더 사람 냄새 나는 추억으로 지나갔다.

그 겨울의 애인 사진 콘테스트

1979년 12월, 크리스마스를 앞둔 어느 날, 제6검문소 내무반은 심상치 않은 열기로 술렁이기 시작했다. 그 이유는 바로 '애인 사진 콘테스트'였다.

포상 휴가라는 꿈 같은 보상이 걸린 이번 이벤트는 단순한 내무반의 장난이 아니라 사실상 소대 차원의 큰 행사였다. 누구든 참가해야만 했고, 심지어 참가하지 않으면 암묵적인 분위기 속에서 눈치 아닌 눈치를 받게 되는 묘한 상황이었다.

애초에 여자 친구가 있는 동료들은 별 문제가 없었다. 그들은 입대 전에 찍은 다정한 커플 사진을 꺼내며 "내가 바로 우승후보"라며 자신만만해했다. 하지만 여자 친구는커녕 여성과 사진 한 장 찍어 본 적 없는 이들에게는 이것이 그야말로 청천벽력이었다. '포상 휴가'라는 유혹은 달콤했지만, 사진을 구하는 과정은 치열하고 고단했다.

"친구에게 편지를 써서 친구 여동생 사진을 받는다"는 고전적인 전략이 가장 먼저 등장했다. 우표 몇 장과 꾹꾹 눌러 쓴 편지 속에 담긴 간절함이 친구의 마음을 움직였는지, 몇몇 졸병들은 어설프게 화장을 한 '친구의 여동생' 사진을 자랑스레 들고 나타났다. 한편, "급하면 누나나 여동생 사진을 제출하라"는 조언도 나왔다. 장난인 줄 알았지만, 이를 실행에 옮긴 용감한 이들도 있었다. 그 사진을 들고 "어때? 우리 누나 이쁘지 않냐?"라며 자랑하던 모습이 아직도 생생하다.

그 와중에 창의적인 발상으로 돌파구를 찾는 이들도 있었다. 잡지에서 여성 모델 사진을 조심스레 오려 내거나, 휴가 중 근처 사진관에서 찍은 어설픈 합성 사진을 제출하는 경우도 있었다. 분명히 포상 휴가를 위해 펼쳐진 이벤트였지만, 이쯤 되면 어떤 사진이 진짜고 가짜인지, 누가 진지하고 장난인지조차 헷갈릴 정도였다.

드디어 애인 사진 콘테스트의 날이 찾아왔다. 내무반에 걸린 사진들은 흡사 작은 전시회를 방불케 했다. 어떤 사진은 진심이 느껴졌고, 어떤 사진은 너무나도 명백한 조작이었다. 심사위원으로 나선 상급자들은 하나하나 사진을 보며 코멘트를 던졌다.

"이건 진짜 애인 맞냐? 왜 이렇게 안 어울리냐?"
"야, 이거 잡지 모델 같은데?!"

웃음이 끊이지 않았고, 내무반은 한순간에 시끌벅적한 축제의 장이 되었다.

결국 최우수상을 받은 동료의 사진은 꽤 감동적이었다. 입대 전 바닷가에서 찍은 자연스러운 연인의 사진이었다. 포상 휴가를 받은 그의 환호와 함께 내무반은 그날의 피로도, 외로움도 잠시 잊고 웃음과 박수로 가득 찼다.

그날의 콘테스트 결과는 흐릿하지만, 기억 속에 남은 풍경은 선명하다. 사진 한 장을 두고 밤새 고민하던 동료들, 농담과 웃음으로 가득했던 내무반, 그리고 무엇보다도 그 겨울의 청춘이 주었던 풋풋함과 따뜻함. 그렇게 국방부 시계는 계속 돌아가고 있었고, 우리의 이등병 시절도 한 페이지를 넘어가고 있었다.

하지만 제6검문소의 그 겨울, 애인 사진 콘테스트는 우리 모두의 가슴 한편에 오래도록 간직될 추억이 되었다.

때로는 청춘의 가장 찬란한 순간들이 사소한 웃음과 치열한 장난 속에서 만늘어지는 법이나.

개구리 대접 받던 날

6검문소에 부임한 지 얼마 되지 않았을 때였다. 어느 날 마을 이장님이 우리를 초대하셨다. 초대받은 멤버는 소대장님과 근무조가 아닌 몇몇 병사들. 이장님 댁으로 향하는 길은 한겨울이었지만 왠지 마음만은 훈훈했다. 우리 검문소와 마을 주민들 간의 관계를 다지기 위한 자리였고, 말하자면 양측의 첫 상견례였다.

따뜻한 방에 앉아 인사를 나누며 대화를 시작했다.

"검문소 여러분 덕분에 마을이 든든합니다."

이장님의 한마디에 소대장님도 화답하며 분위기는 한결 부드러워졌다. 우리는 내심 이번 식사가 어떤 음식일지 기대를 품고 있었다. 강원도의 정성이 담긴 별미를 맛볼 기회라 생각했기 때문이다.

얼마 지나지 않아 대접이 한 그릇씩 나왔다. 커다란 대접 위에 덮여 있던 뚜껑이 열리자 모두가 굳어졌다. 대접 안에는 개구리 한 마리가 멀끔하게 쭉 뻗어 있었다. 개구리의 형체가 그대로 드러나 있었고, 처음 보는 광경에 우리는 말문이 막혔다.

한 병사가 속삭였다.

"저거 진짜 먹으라는 거야?"

또 다른 병사는 눈을 껌뻑이며

"꿈에서나 봤지, 이런 건 처음이야."

분위기가 삽시간에 얼어붙었다. 당황한 우리와 달리, 이장님과 마을 어른들은 태연하게 웃으시며

"강원도의 겨울 별미요. 건강에도 참 좋습니다."

라고 권하셨다. 하지만 아무리 별미라 해도 생전 처음 마주한 개구리 요리를 선뜻 먹을 수 있는 이는 없었다. 우리 병사들 사이에선 "누가 먼저 먹어 볼래?"라는 눈치싸움이 벌어졌고, 그 결과 아무도 숟가락을 들지 못했다. 소대장님마저 난감한 표정을 짓고 계셨다. 결국 이장님이 웃으시며

"괜찮소, 억지로 먹을 필요는 없소."

라며 상황을 정리해 주셨다.

그날 식사 자리에서 아무도 개구리를 먹지 못했지만, 마을 분들과의 첫 만남은 그렇게 어색한 해프닝 속에서 끝났다. 그런데 이야기는 여기서 끝이 아니다.

얼마 후 부임한 경상도 출신 중대장은 이 개구리 요리에 반해 버렸다. 처음에는 그도 당황했지만 한두 번 맛보더니 오히려 "이 맛을 왜 이제야 알았나!"라며 감탄했다고 한다. 결국, 강원도 출신 병사들을 "개구리 특공대"라 부르며 매일 개구리를 잡아 오게 했다는 후일담이 전해졌다.

그날의 어색했던 웃음소리가 지금은 추억으로 남았다. 누군가 "강원도의 별미가 뭐냐"고 물으면 으레 이 이야기를 꺼내며 웃곤 했다. 개구리가 담긴 대접 하나가 이렇게 긴 추억을 남길 줄은 그땐 정말 몰랐다.

물 길러 다닌 날들

제6검문소에서의 생활은 팍팍했다. 내무반 뒤편에 우물이 하나 있긴 했지만, 물이 적고 식수로는 부적합했다. 주로 빨래 등 허드렛물로 사용했다. 우리는 식수를 구하기 위해 마을의 민간인 집으로 나가야 했다. 리어카에 커다란 드럼통을 싣고, 멀고 먼 길을 오가며 물을 길어 와야 했던 날들이 지금도 또렷이 떠오른다.

졸병이었던 나는 당연히 물당번이었다. 고참과 함께 물집에 가면 고참은 주로 마루에 앉아 쉬거나 주인과 담소를 나누었다. 나는 그 사이 펌프질을 하며 드럼통을 채웠다. 물을 가득 채우기까지는 한참이 걸렸고, 팔은 금세 뻐근해졌다. 고참에게 불평은커녕 표정 하나 티 내기 어려운 신참 시절이었다.

그런데 물집 주인들은 참 따뜻했다. 펌프질로 땀을 뻘뻘 흘리는 내 모습을 안쓰럽게 여겨 "좀 쉬었다가 해"라며 수건을 내밀어 주거나, 가끔 간식을 내주시기도 했다. 그렇게 고된 일이었지만, 물집에 갈 때마다 느껴지는 그 정겨움에 마음이 한결 가벼워졌다.

어느 날, 물을 다 채우고 잠시 숨을 돌리는데 주인아주머니가 조심스레 물으셨다.

"우리 동네 처녀 어때요?"

순간 며칠 전부터 고향은 어디냐, 군대 오기 전에 무슨 일을 했냐고 물으시던 기억이 떠올랐다. 그 처녀는 검문소에서 몇 번 본 적 있는 사람이었다. 하지만 새카만 이등병이었던 내가 무슨 말을 할 수 있었겠는가. 그저 웃으며 얼버무리고 말았다.

나를 좋게 봐 준 아주머니의 마음이 고마울 뿐이었다. 아주머니는 그 후로도 특별히 더 언급하지 않으셨지만, 가끔 그 처녀를 마을에서 마주칠 때면 마음 한구석이 아릿했다. 내가 다른 위치에 있었다면 어떻게 되었을까, 하는 생각이 문득문득 들곤 했다.

그때 우리 선배들 중에는 군 복무 중 만난 처녀와 결혼한 사람들도 있었다. "최전방 처녀들의 소원은 후방 경상도 지방으로 시집가는 거다"라는 농담 반 진담 반의 말이 돌던 시절이었다.

어느 날 7검에서 근무를 서던 중, 경상도 지방에서 온 한 남자가 검문소를 찾았다.

"몇 년 전에 6검에서 근무했었는데, 오늘은 처가에 왔어요."

그 말에 웃으며 돌아서는 그의 뒷모습을 보며 나도 모르게 많은 생각들이 밀려왔다.

물집에서 펌프질을 하며 흘렸던 땀, 주인아주머니의 따뜻한 눈길, 그리고 스쳐 지나간 그 인연. 그 모든 것이 내 군 시절을 지탱해 준 소중한 기억이었다. 삶은 늘 고되고 반복되지만, 그 안에서도 사람의 온기가 이렇게 오랜 세월 동안 마음속에 남아 있을 줄은 그때는 몰랐다.

곤란했던 물집 할아버지…
그물, 낚싯대 압수 사건

우리 소대는 마을 물집 덕분에 식수 걱정 없이 지냈다. 물집은 3대가 함께 사는 화목한 집이었다. 인자한 할아버지, 친절한 아들 내외, 그리고 귀여운 손자들까지, 그 집은 늘 따뜻한 정이 넘쳤다. 물을 긷기 위해 자주 드나들다 보니 자연스럽게 가족처럼 가까워졌다. 어느 날, 일이 터지기 전까지만 해도 그랬다.

그날 나는 우연히 내무반장과 고참들이 물집 할아버지와 실랑이를 벌이는 장면을 목격했다. 고참들은 낚싯대를 압수하려 했고, 할아버지는 결사적으로 막아서고 있었다.

그물은 이미 압수한 상태였다. 할아버지의 굳은 손에는 낚싯대가 단단히 쥐어져 있었고, 고참들은 그걸 빼앗으려 애썼다. 나는 숨을 죽이고 그 장면을 지켜볼 수밖에 없었다. 옆에 있는 아들 내외의 난감해하던 표정은 지금도 잊을 수가 없다.

문제의 시작은 연대에서 내려온 지시였다. 검문소 인근의 학 저수지에서는 군법상 조업이 금지되어 있었지만, 마을 사람들은 고기를 잡으며 생계를 이어 갔다. 그 당시 학 저수지는 물 반 고기 반이라고 했다. 우리도 암암리에 그 사실을 알았고, 눈감아 주는 대신 고기와 김치를 바꿔 먹는 일도 흔했다. 심지어 중대장이 방문할 때면 가물치회를 대접하며 저수지 덕을 보기도 했다.

하지만 연대 참모가 주민들의 불법 조업을 단속하라는 명령을 내리면서 상황이 달라졌다. 우리 소대는 할 수 없이 그물을 걷고 낚싯대를 압수했다. 물집 할아버지의 낚싯대도 예외는 아니었다. 그것이 문제의 발단이었다.

할아버지의 낚싯대는 그저 생계를 위한 도구가 아니었다. 평생을 함께 한 친구 같은 존재였다. 고참들은 명령을 수행했다며 개운하게 끝냈겠지만, 우리는 아니었다. 매일 물을 긷기 위해 물집을 찾아야 했던 졸병들은 할아버지의 노골적인 적대감을 온몸으로 받아 내야 했다.

처음엔 "왔나?" 하며 따뜻하게 맞아 주시던 할아버지가 이제는 눈도 마주치지 않으셨다. 물을 긷는 내내 서늘한 침묵이 흐르고, 물을 가득 채운 리어카를 끌고 돌아서는 길엔 늘 무거운 마음이 따라왔다. 때로는 아들 내외의 묵묵한 눈빛이 더 괴로웠다. 그 따뜻했던 가족들과의 관계가 이렇게 차갑게 변할 줄은 몰랐다.

시간이 지나면서 조금씩 분위기는 풀렸지만, 그때 느꼈던 불편함과 미안함은 오래도록 남았다. 검문소 생활의 크고 작은 해프닝 중 가장 민망

했던 기억 중 하나였다. 그럼에도 그 시절 물집에서 느꼈던 따뜻한 정은, 그 곤란했던 날들마저도 아련한 추억으로 바꿔 주었다. 지금도 물집 할아버지의 그 단단한 손길과 고요한 눈빛이 종종 떠오른다.

검문소의 일상

내가 근무했던 제6검문소는 철원평야를 지키는 문지기였다. 민통선 안, 한낮의 볕 속에서만 농사짓는 사람들이 북적이는 곳. 주민들은 신분증 두 개를 목에 걸고 통과했는데, 하나는 거치대에 남겨 두고 하나는 몸에 지닌 채로 검문소를 지나갔다. 해가 지면 거치대에 남은 신분증이 체크가 되어 보고를 하고 비상이 걸리는 시스템이었다. 혹여 경운기가 고장 났거나 예상치 못한 상황이 벌어진 경우가 많았지만, 그럴 때마다 모두가 한 마음으로 나서서 사람을 찾았다.

봄이면 모내기를 위해, 가을이면 추수를 위해 검문소 앞은 늘 긴 줄로 북새통을 이루었다. 자전거, 오토바이, 경운기, 달구지가 줄을 이었고, 신분증 확인 작업이 이어졌다. 친인척들이 도와주러 오면서 위조 신분증이 등장하기도 했는데, 때로는 그냥 모른 척 넘어가기도 했다. 농사일을 도와주러 온 사람들의 진심이 보였기 때문이다.

하얀 윗옷을 입고 농사짓는 사람들의 모습이 기억에 남는다. 멀리서도 쉽게 눈에 띄도록 규정된 옷이었지만, 그 모습이 평화로워 보였다. 땔나무 반출이 금지된 규정을 어기고 몰래 경운기에 숨겨 나오다 발각된 주민들도 있었다. 그런 순간에도 우리는 애써 눈감아 주곤 했다.

졸병 시절, 제6검문소의 생활은 육체적으로 고됐지만 마음은 늘 사람 냄새로 가득했다. 주민들과 나눈 짧은 눈인사, 긴 줄을 서 있던 사람들의 농담 섞인 대화, 그리고 흙 묻은 손으로 내민 신분증. 이 모든 것이 내 청춘의 한 페이지를 따뜻하게 채웠다.

지금도 민통선 안에서 농사짓던 그 사람들의 모습이 떠오른다. 철원평야의 들녘에는 여전히 낮의 햇살 아래 그들의 땀방울이 맺혀 있을 것이다. 그 기억은 내게 삶의 작은 감사와 평화의 소중함을 일깨워 준다.

삐라가 흩날리던 들판에서

군 시절의 기억은 국방부 시계처럼 한결같이 돌아가고 있다. 세월이 흘렀지만, 여전히 그 시절의 공기와 풍경이 생생하게 떠오른다. 특히 삐라가 흩날리던 철원평야의 모습은 내 기억 속에 선명히 남아 있다.

처음 삐라를 본 건 신병교육대 시절이었다. 후방의 따스한 햇살 아래서 훈련을 받던 날들과는 달리, 6사단 신병교육대에 도착했을 때는 날씨부터 달랐다. 매서운 바람이 옷깃을 파고들었고, 부대의 공기는 무언가 긴장감으로 팽팽했다. 조교들은 단단한 얼굴로 우리를 내려다보며 말했다.

"저 산 너머가 북한이다. 여기선 잘못하면 죽는다."

그 한마디는 우리의 가슴속에 묵직하게 내려앉았고, 그날 저녁 대남 방송이 울려 퍼질 때마다 몸이 저릿저릿했던 기억이 난다.

삐라를 다시 보게 된 건 6검문소에 배치된 뒤였다. 철원평야에서 삐라를 수거하라는 명령을 받았을 때, 그 들판은 어쩐지 낯설면서도 슬픈 풍경이었다. 논바닥에 하얗게 흩어진 삐라들은 하나같이 난소도웠나. 모란

봉 극장의 초대장, 대동강에서의 물놀이 장면 같은 그림들이 담겨 있었다. 당시 우리에게는 시대에 뒤떨어진 것처럼 보였지만, 그 속에는 한쪽의 바람과 목소리가 담겨 있었다. 우리는 그것을 주워 담으며 적막한 들판을 걸었고, 삐라 사이사이로 불어오는 바람은 묘한 쓸쓸함을 남겼다.

가끔은 7검에서 야간근무를 마치고 부대로 돌아오는 길가에서 일정한 간격으로 놓인 삐라를 발견하기도 했다. 모두가 의문을 품었다. "이건 사람이 일부러 뿌린 게 아니야?" 하지만 누가 왜 그렇게 했는지는 중요하지 않았다. 그저 삐라는 우리와 그들 사이에 놓인 고요한 다리 같았다.

어느 날 삐라 수거를 마치고 돌아오는 길에 염 선배가 문득 말했다.

"야, 이 논에서 농사짓는 사람들은 이런 삐라를 보고 무슨 생각을 할까?"

그 말에 다들 잠시 멈춰 섰다. 평범한 농부들의 삶 속에 이 삐라가 어떤 파문을 일으켰을지 생각해 본 적이 없었다. 그 순간, 나는 철원평야에 뿌려진 것이 단지 삐라뿐만이 아니라 우리의 불안과 희망, 그리고 서로 다른 세상이었음을 깨달았다.

군 시절은 많은 것을 빼앗아 갔지만, 동시에 잊을 수 없는 풍경을 내게 남겨 주었다. 삐라가 흩날리던 그 들판, 대남 방송이 울려 퍼지던 밤, 그리고 산 너머의 땅을 바라보며 느꼈던 감정들. 그것은 내 청춘의 한 조각이었고, 그 속에 담긴 이야기들은 지금도 내 마음을 따뜻하게 덮어 준다.

지금도 철원평야 어딘가에서는 삐라를 주웠을 손들이 그날처럼 추위를 느꼈을까? 국방부 시계는 계속 돌아가고 있지만, 내 기억 속 시간은 그 들판에 멈춰 있다. 흩날리던 삐라 한 장 한 장이 내게는 청춘과 삶의 무게를 떠올리게 하는 책갈피 같다.

후레쉬 불빛 아래, 여름밤의 해프닝

 무더운 여름밤, 7검문소 이른 야간 근무를 마치고 소대로 복귀하던 길이었다. 땀이 뻘뻘 흐르는 끈적한 밤공기에, 어둠마저도 유난히 짙어 우리 눈앞을 가로막고 있었다. 손에 쥔 후레쉬가 희미한 길을 밝히고 있을 뿐, 주위는 적막했다. 전방에서의 일상은 늘 긴장의 연속이다. 낯선 소리 하나라도 들리면 곧바로 몸을 낮추고 상황을 살펴야 한다. 그날도 예외는 아니었다.

"쉿, 무슨 소리 들리지 않냐?"

 고참이 낮은 목소리로 말했다. 나도 귀를 기울였다. 어디선가 들려오는 도란도란한 이야기 소리와 간간이 터지는 웃음소리. 순간 긴장감이 돌았다. 누군가가 있는 게 틀림없다. 우리는 숨소리조차 죽인 채 발소리를 낮추며 소리가 나는 방향으로 접근했다.

 소리가 점점 선명해질수록, 우리의 호기심과 경계심은 동시에 커져 갔다. 개울 근처였다. 고참의 손짓에 따라 몸을 엎드리고 조심스레 고개를 들었다. 그리고 그 순간, 우리의 눈앞에 펼쳐진 광경은 충격 그 자체였다.

달빛이 희미하게 비추는 개울가, 물안개 사이로 어른거리는 실루엣. 동네 여자분들이 개울에서 목욕을 하고 있었다! 젊은 처자들은 물속에 몸을 숨기며 서로 웃음소리를 주고받고 있었고, 나이 지긋하신 아주머니들은 훨씬 자유로워 보였다. 물 밖에서 천연덕스럽게 옷을 헹구며 가슴을 드러낸 채 담소를 나누고 있었던 것이다.

그 장면에 우리는 숨을 죽이고, 입을 꾹 다문 채 마른침만 삼켰다. 눈앞에서 펼쳐지는 광경은 그야말로 신세계였다. 젊은 혈기로 가득 찬 우리들은 이 상황에 어찌할 바를 몰랐다. 고참은 손가락으로 입술을 짚으며 "소리 내지 마"라고 경고했지만, 우리 중 누군가의 침 삼키는 소리가 새어 나올 뻔했다.

물속에서 장난치는 여자들의 웃음소리는 한층 더 밝아졌다. 그들은 우리가 그곳에 있다는 사실을 전혀 모르고 있었다. 한참을 지켜보며 머릿속이 복잡해졌다. 어두운 밤이라 누군지 분간하기는 어려웠지만, 내막 누구인지 짐작이 가는 이들도 있었다.

그때였다. 고참이 갑자기 낮은 목소리로 말했다.

"야, 후레쉬 비춰 보자."
"예?"
"얼른!"

고참의 명령에 망설임은 잠깐이었다. 후레쉬를 켜자마자, 개울가는 아수라장이 되었다.

"꺄악!"

여자들의 비명 소리가 터져 나왔다. 젊은 처자들은 물속으로 허겁지겁 몸을 숨기며 얼굴을 감췄다. 그러나 더 놀라운 장면은 어머님들이었다. 어떤 아주머니는 천연덕스럽게 웃으며 그대로 서 있었고, 어떤 분은 물 밖으로 뛰쳐나가다가 발에 걸려 넘어질 뻔하기도 했다. 후레쉬 불빛이 움직일 때마다 빛을 피해 허둥대는 모습이 그대로 비춰졌다.

어두운 개울가에서 펼쳐지는 이 혼란스러운 광경은 한편의 영화 같았다. 우리는 후레쉬를 이리저리 움직이며 상황을 관찰했다. 젊은 처자들의 소심한 몸짓과 아주머니들의 여유로운 태도가 대조를 이루며 묘한 웃음을 자아냈다.

그날 밤, 우리에게는 두 가지 감정이 교차했다. 젊음의 호기심으로 가슴이 두근거리는 한편, 들켜 버린 사람들의 당황스러운 얼굴이 떠오르며 어딘가 모르게 죄책감이 밀려왔다.

며칠 후, 동네 길을 지나다가 후레쉬 불빛에 드러났던 얼굴들과 마주쳤을 때, 나도 모르게 고개를 돌리고 말았다. 그날의 기억이 떠오르며 얼굴이 화끈거렸다. 그들도 우리가 그날 밤의 '범인'임을 눈치챘을까? 서로 눈이 마주치는 순간, 애써 모르는 척 고개를 돌리는 게 다들 똑같았다.

  이등병 시절, 국방부 시계는 느리게 돌아갔지만, 이런 해프닝 덕분에 그 시간은 웃음과 생생한 추억으로 채워졌다. 후레쉬 불빛 아래 펼쳐진 여름밤의 해프닝은 우리 젊음의 장난기와 호기심, 그리고 풋풋한 기억의 한 페이지로 오래도록 남아 있다.

4부

군 생활 속의 인연과 기억

사과, 그 붉은 기억

1981년 늦가을. 그해 군 생활은 뜻밖에도 천국이었다. 포천 육군항공대 경비 파견. 훈련은 없고, 위병소 근무만 서면 되는 날들이었다. 포천 시내로 나가 국밥 한 그릇에 청춘의 허기를 달래고, 군홧발로 축구장을 누비며 하늘에 노을을 차 올렸다. 국방부의 시계는 거꾸로 매달아도 돌아간다 했지만, 그 시계는 우리의 시간을 천천히 익혀 가는 무딘 칼날 같았다.

위병소 옆에는 사과 과수원이 있었다. 사과는 가지 끝에서 툭툭 떨어질 듯한 붉은 열매를 달고 있었다. 소문에 따르면, 주인은 빚더미를 피해 어디론가 달아나 과수원은 텅 비어 있었다. 그 소문이 진실이든 아니든, 우리에겐 더할 나위 없이 좋은 핑계였다.

근무가 시작되면, 우리는 하나둘 사과나무 아래로 스며들었다. 군화 밑으로 바스락거리는 낙엽, 손끝에 닿는 사과의 부드러운 곡선. 헬멧과 군복 주머니는 금세 붉은 열매로 가득 찼다. 한 손엔 총, 다른 한 손엔 사과. 위병소 뒤편, 쪽문 근처의 그늘에 앉아 사과를 하나씩 꺼내 물었다.

사과는 새콤달콤했다. 즙이 터져 나오며 혀끝을 감싸는 그 맛. 입안에 가득 퍼지던 사과 향은 마치 그때의 우리처럼 풋풋하면서도 단단했다. 그 맛은 군 생활의 팍팍함을 씻어 내고도 남았다. 누군가는 그것을 '스타킹' 사과라고 했다. 왜 그런 이름이 붙었는지 알 수 없었지만, 우린 그 이름이 재미있어 한참 웃었다.

밤 근무 중에는 별빛 아래에서 사과를 씹었다. 시린 공기 속에서 붉은 사과는 하얀 달빛을 받아 반짝였다. 그 빛을 받아 먹던 사과는 우리의 허기를 채우고, 어둠 속에서 잠시나마 위로가 되었다.

지금도 그 맛이 잊히지 않는다. 그날 사과를 함께 나눴던 전우들. 불빛 아래에서 까르르 웃던 얼굴들. 우리는 그 순간만큼은 전쟁도 두려움도 잊은 채 살아 있었다. 붉게 익은 사과 하나로 세상을 다 가진 듯했다.

오늘도 사과를 먹을 때면 그날의 기억이 입안 가득 퍼진다. 서리가 내린 쏘전의 늦가을, 사과나무 아래의 짙음. 그때 우리는 비록 군복을 입었지만, 마음만은 자유로운 가을이었다.

머리로 당겨라!

6사단 체육대회는 늘 열정이 넘치는 행사였다. 그중에서도 단체 줄다리기는 최고의 인기 종목. 우리 3대대가 맡게 되었을 때, 다들 묘한 긴장감에 휩싸였다. 상대는 덩치 크고 힘 자랑하는 포병대였다. 정면승부는 무리였다. 그래서 결론은 하나, "힘이 아니라 머리로 이기자!"

훈련은 철저히 연구와 실험의 연속이었다. 밧줄을 나무에 묶고 매일 연습했다. 단순히 당기는 게 아니라, 효율적인 힘의 사용법부터 발의 고정 방법까지 모든 걸 분석했다. 줄은 겨드랑이에 단단히 끼우고 발은 11자로 고정, 몸은 뒤로 45도 기울여 체중을 십분 활용하는 자세를 만들었다. 여기서 끝이 아니었다. 미끄러운 땅을 해결하기 위해 주머니에 스푼을 넣고 다녔다. 경기 중에는 몰래 땅을 긁어 발을 고정할 작은 홈을 만들었다. 전투는 발끝부터 시작된 셈이었다.

결정적 무기는 박자였다. 상대는 영차, 영차, 일정한 박자로 당겼다. 우리는 이 틈을 노렸다. 그들이 두 박자에 힘을 쏟을 때, 우리는 영차, 영차, 영차! 세 박자로 빠르게 당겼다. 상대가 쉬는 순간, 우린 쉴 틈 없이 기습적으로 줄을 잡아챘다. 이 박자 차이가 경기를 좌우했다.

드디어 철원 공설 운동장에서 치러진 결승전. 상대는 예상대로 포병대. 줄다리기 줄을 잡은 그들의 팔뚝은 산만 했고, 우리는 도토리만 했다. 주변에선 다들 "이건 끝났다"는 표정이었다. 하지만 우리는 자신만만했다. 연습한 대로 자세를 잡고, 긴장감 속에 시작 신호가 울렸다.

포병대가 줄을 당길 때마다 땅이 흔들리는 듯했지만, 우리는 흔들리지 않았다. 영차, 영차, 영차! 상대의 틈을 정확히 파고들어 힘을 모았다. 결국, 거대한 포병대는 중심을 잃고 우리 쪽으로 끌려왔다. 승리의 순간, 환호가 터졌고, 3대대는 영웅이 되었다.

그날의 승리는 단순히 체육대회 우승이 아니었다. 힘보다 지혜가 중요하다는 걸 온몸으로 배운 날이었다. 이후 전역하고도 그 기술은 유용하게 써먹었다. 지역 축제든 직장 행사든 줄다리기가 나오면 어디서든 "전문가" 소리를 들으며 팀을 승리로 이끌었다.

때로는 밧줄을 잡았던 손의 감촉이 떠오르고, 스푼으로 땅을 파던 순간이 떠오른다. 그 시절의 땀과 환호는 여전히 내 가슴속에서 뜨겁게 당겨진다. 줄다리기? 단순한 게임이 아니었다. 그건 인생의 한 조각이었다.

달밤의 체조, 그리고 남문기 후배

군대에서의 시간은 각각 다르게 기억되지만, 그 속에 담긴 추억은 종종 그리움으로 남는다. 나는 대구가 고향인 남문기 후배의 후견인을 맡았던 인연으로 그와 친밀해졌다. 남 후배는 내 몇 달 후임이었다. 내무반에서 어리숙하게 적응해 가는 그의 모습을 보며, 나는 하나하나 생활의 요령을 가르쳐 주었다. 침상 정리부터 근무 요령까지, 때로는 나무라며, 때로는 웃으며 함께했던 시간들 덕분에 우리 사이는 자연스레 가까워졌다.

휴가 때, 나는 남 후배의 집을 방문한 적이 있다. 경북 경산시 압량이라는 곳이었다. 그의 부모님께 인사를 드리고, 후배의 집에서 느껴지는 따뜻함에 나 또한 미소 지었다. 우리 소대가 6검문소 근무를 마치고 부대에 복귀한 후에, 그는 대대 취사병으로 파견 근무를 나가게 되었지만, 우리는 가끔씩 얼굴을 보았다. 얼린 닭똥집을 몰래 챙겨다 주는 그의 모습이 떠오른다. 그것을 가져다 빼치카에서 몰래 구워 먹으며 잠시나마 군대의 고단함을 잊었던 기억도 생생하다.

1981년 초겨울, 상병 고참이었던 나는 삼청교육대 조교로 차출된 후 남 후배와 특별한 추억을 쌓았다. 그해 겨울 어느 날, 남 후배가 내게 찾아와 자신의 생일임을 알렸다. 부대 앞 작은 가게로 나가 소박하게 생일을 축하해 주기로 했다. 막걸리 한 사발에 전 한 접시, 추운 겨울을 녹여 주는 따뜻한 한 끼가 될 터였다. 그러나 행복은 짧았다. 가게의 창문을 두드리는 소리가 들려왔다. 대대 당직사관이었다. 순찰 중 걸린 것이다.

"왜 나왔나?"

우리는 설명했다. 생일이었다고, 잠깐의 축하 자리였다고. 하지만 소용없었다. 결국, 우리는 벌로 운동장에 서게 되었다. 달빛 아래, 목봉을 어깨에 짊어지고 체조를 시작했다. 차가운 밤공기에 땀방울이 배어 나왔다. 낑낑거리며 웃음 섞인 한숨을 내쉬던 순간, 문득 고된 군 생활의 본질이 다가왔다. 그것은 육체의 고통만이 아니라, 동료와 함께 버티는 끈끈한 시간이었다.

그날 이후로도 많은 시간이 흘렀다. 남 후배와의 연락은 점차 뜸해졌다. 하지만 그의 생일, 닭똥집의 냄새, 그리고 그 밤의 체조는 여전히 내 기억 속에서 빛난다. 때로는 그와 함께했던 추억을 되새기며 웃음을 짓는다. 군 생활은 고되고 힘들었지만, 그 안에 담긴 따뜻한 시간들은 결코 잊히지 않는다.

남 후배, 어디에 있는가요? 이 글을 통해 당신도 나처럼 추억을 떠올리기를 바랍니다. 함께했던 그 시간들이 나에게 큰 위안이 되었듯, 당신에게도 그랬기를.

국방부 시계는 여전히 돌아가고 있지만, 우리의 우정은 그 시간을 뛰어넘어 여전히 그 자리에 있다.

희귀한 인연, 하얀 눈 속의 약속

1979년 1월 16일, 대구 50사단 신병교육대에 발을 들이던 날은 유난히 추웠다. 한 달간의 훈련을 마치고 나니, 긴장과 기대가 섞인 마음으로 야간 군용 열차에 올랐다. 그 열차는 우리를 어디로 데려갈지 알 수 없었다. 수원역에서 버스로 갈아탄 우리는 어딘가로 가고 있었다. 군기밀이란 이유로 목적지는 비밀이었다. 눈은 거침없이 내렸고, 세상은 하얗게 덮여갔다. 차창 밖 풍경은 아름다웠지만 내 마음은 무겁고 복잡했다.

차창 너머로 "38선입니다"라는 표지판이 보였다. 긴 한숨을 내쉬며 북쪽으로 더 깊이 이동하던 그 길, 우리는 결국 6사단 신병교육대에 도착했다. 모두가 한목소리로 "최전방이구나" 하며 체념하던 순간, 또 한 번의 훈련을 받아야 한다는 소식은 우리를 맥 빠지게 했다. 다행인지 불행인지, 나는 경상도 병사들과 서울 병사들이 함께 생활하는 내무반에 배정되었다. 낯선 조합에서 오는 긴장감은 하루하루를 쉽지 않게 만들었다.

서울 친구들은 유난히 말이 많고 불만도 많았다. 반면, 나를 포함한 경상도 친구들은 묵묵히 주어진 일을 해냈다. 청소든 당번이든 불평 없이 해내는 것이 우리 방식이었다. 그러한 불협화음 속에서도 국방부 시계는 어김없이 돌아갔다. 한 달간의 힘겨운 훈련이 끝난 날, 막걸리와 과자 부스러기가 안주로 나온 회식 자리가 열렸다. 술잔이 돌고 기분이 오르던 순간, 서울 쪽에 앉아 있던 한 친구가 다가왔다.

그 친구는 내게 말했다.

"나는 니가 마음에 든다. 한 달 동안 너를 지켜봤는데, 니가 솔선수범하는 모습이 정말 좋았다. 앞으로 우리 친구하자."

나는 망설임 없이 고개를 끄덕였다. 그리하여 우리는 친구가 되었다. 다음날 자대 배치 명단이 발표되었고, 운명처럼 우리는 같은 19연대 3대대에 배정되었다. 그러나 그는 10중대로, 나는 11중대로 나뉘며 다시금 헤어져야 했다.

졸병 시절, 서로 다른 중대에서 근무하던 우리는 편지를 통해 안부를 주고받았다. 6검이 끝난 후에도 중대가 다르다 보니 자주 만나지는 못했지만, 휴가에서 돌아올 때면 PX에서 음식을 나누며 웃음꽃을 피우곤 했다. 그리고 시간이 흘러 제대하는 날, 우리는 서로의 주소를 적어 주고받으며 반드시 연락하자고 약속했다. 그러나 현실은 바빴다. 삶의 무게 속에서 우리는 점점 서로의 기억 속에서 희미해져 갔다.

그렇게 10년이 흘렀다. 어느 추석 명절 이후, 고향 후배에게서 한 통의 전화가 걸려 왔다.

"선배님, 우리 고모부가 집에 있는 전화번호부를 뒤지며 선배님을 찾았어요."

후배의 말에 고모부의 이름을 물었더니, 잠시 후 돌아온 대답은 "김덕현"이었다. 덕현이라니! 내 군대 친구 덕현이었다. 놀랍게도 서울 친구인 그는 내 고향 합천 후배와 결혼하여 가족이 되었던 것이다.

그 후, 우리는 다시금 인연을 이어 갔다. 서울로 찾아가 그의 집을 방문하기도 하고, 명절 때마다 만나서 회포를 풀며 지난날을 떠올리곤 했다. 세월이 흘렀어도 군대에서 싹튼 우정은 여전히 우리를 따뜻하게 묶어 주고 있었다. 그리움과 감사함으로 이어진 이 인연은, 한겨울 눈 속에서 서로를 지켜보며 싹튼 약속 덕분이었다.

이 이야기는 단순한 군대 생활의 추억을 넘어, 인생에서 소중한 우정이 어떻게 싹트고 지속될 수 있는지를 보여 준다. 눈 내리던 그날, 하얀 세상 속에서 맺은 약속이 이렇게 아름다운 인연으로 이어질 줄은 그때는 몰랐다.

까치의 노래, 그리고 기적 같은 만남

예로부터 까치가 아침에 울면 반가운 소식이 있거나 좋은 일이 있을 거라는 이야기가 전해져 내려온다. 어느덧 수십 년이 흘렀지만, 나는 아직도 그 말을 믿고 있다. 까마득한 젊은 시절, 군에서 겪은 사건이 있었기 때문이다.

1979년, 강원도 철원의 차가운 바람 속에서 나는 보병 6사단 19연대 3대대 11중대 2소대의 이등병으로 제6검문소에 근무하고 있었다. 소대 전체가 검문소로 파견된 탓에, 우리는 밤낮으로 교대로 근무를 서야만 했다. 그날도 어김없이 주간 대공 초소에서 근무를 서고 있었는데, 유난히 까치 소리가 자주 들려왔다. 평소에는 한두 마리 보이던 까치들이 그날따라 수십 마리나 떼를 지어 내 주변을 돌며 깍깍 울어 댔다. 무슨 일이 일어날 것만 같은 이상한 기운에 잠시 멈칫했지만, 나는 '좋은 소식이라 해 봐야 편지 한 통 오겠거니' 생각하며 다시 근무에 집중하려 했다.

오전 근무를 마치고 내무반에서 쉬고 있는데, 검문소에서 연락이 왔다. "고향 사람이 와 있으니 빨리 나오라"는 내용이었다. 무슨 일인가 싶어 서둘러 나가 보니, 세상에, 경남 합천에서 온 고향 어르신이 앉아 계신 것이었다. 신발 장사를 하시던 장○○ 어르신이었다. 먼 타지에서 고향 분을 뵙게 되다니 그 순간은 정말 믿기지 않았다.

어르신은 육사를 졸업한 둘째 아들이 6사단에서 화학장교로 근무 중이며, 막내아들은 7연대 소속 화학병으로 근무하고 있다는 이야기를 해 주셨다. 알고 보니, 그 막내아들 ○○ 선배는 내 초등학교와 중학교 시절 2년 선배였다. 우연히도 그의 부대가 우리 검문소의 통제를 받아야 하는 곳에 있었고, 면회 신청을 하게 되면서 우연히 고향 어르신을 만나게 된 것이다.

우리 검문소에서는 면회 신청을 받은 후 해당 부대에 연락하여 면회자가 걸어 나올 때까지 시간이 걸린다. 그동안 소대장님께서는 고향 어르신과 말벗이 되어 드리라고 배려해 주셨다. 나는 어린 시절 장 어르신을 잘 알지 못했지만, 도롱골에 사는 아무개 아들이라고 하니 금방 알아보시며 반가워하셨다. 우리는 막걸리를 한 잔 기울이며 이런저런 이야기를 나눴다. 어르신께 나는 간단한 메모를 건네주시며 부모님께 전해 드려 달라고 하였다.

강원도 철원의 차디찬 땅에서 고향 분을 만나다니, 이 얼마나 기적 같은 일이었는지. 그때 그 순간은 까치의 소리가 나를 불러내어 이 기적 같은 만남을 선물해 준 것 같았다.

지금도 아침 산책길에서 까치 소리가 들리면, 나는 속으로 '탱큐, 탱큐'

하며 오늘도 무슨 좋은 일이 생기지 않을까 하고 기대를 하곤 한다. 까치의 노래가 울려 퍼질 때마다 나는 그때의 기적 같은 순간을 떠올리며 가슴 한편이 따뜻해진다. 까치의 소리가 나를 깨우고, 나에게 다가온 그 선물 같은 인연을.

수통에 담긴 막걸리와 청춘

군대 시절, 진지에 투입되는 날은 단조로운 일상에 작은 파동을 일으켰다. 야전삽을 들고 언덕을 오를 때마다 발 아래에서 흙먼지가 일었고, 땀이 이마를 타고 흘렀지만 이상하게도 그 하루는 평소보다 더 생기가 돌았다. 단지 작업 때문만은 아니었다. 우리 진지 바로 아래 포병대에 자리 잡은 PX가 그 이유였다.

PX는 우리가 진지 보수를 하는 날이면 빠지지 않고 등장하는 은밀한 동반자였다. 작업을 시작하면, 소대원들 사이에는 암묵적인 준비 작업이 시작된다. 누군가가 말했다.

"이번에도 너지?"

그 말에 웃음이 터졌고, 난 어김없이 고개를 끄덕였다. 이미 익숙한 역할이었다. 수통 몇 개를 챙겨 포대 PX로 향하는 그 짧은 여정은 내게 비밀스러운 모험과도 같았다.

수통을 들고 포대 안으로 들어갈 때면 심장이 약간 두근거렸다. 혹시라도 상관이 눈치채기라도 하면 어쩌나 싶으면서도, 이런 긴장감마저 즐거웠다. PX 직원은 눈짓으로 우리 사정을 알아챘다.

"막걸리 몇 병?"

작은 목소리로 주문을 마치고 막걸리를 수통에 담는 동안, 그 짧은 시간조차 아슬아슬한 짜릿함이 가득했다. 수통을 가득 채운 막걸리가 내 손에 들리면, 어깨를 펴고 진지로 돌아가는 길은 묘하게 뿌듯했다.

진지에서는 이미 소대원들이 내 복귀를 기다리고 있었다. 수통을 열어 막걸리를 따라낼 때 퍼지는 특유의 향기가 그곳에 작은 흥겨움을 불어넣었다. 한 잔씩 돌리며 다들 조용히 감탄한다.

"이게 바로 군 생활의 낙 아니냐?"

누군가 농담을 던지면, 모두들 짧은 웃음으로 답했다. 막걸리의 달큰한 맛이 입안에 퍼질 때마다 고된 작업도, 더운 날씨도 잠시 잊혔다. 그 잔 속에는 알코올뿐 아니라, 함께 나눈 고생과 웃음, 그리고 우리가 공유한 청춘이 가득했다.

어느 날, 후임 중 한 명이 수통을 들고 내게 물었다.

"막걸리가 왜 이렇게 맛있죠?"

나는 그저 웃으며 대답했다.

"이건 단순한 막걸리가 아니니까."

그 말에 후임은 고개를 갸우뚱했지만, 이내 환하게 웃었다. 우리만의 비밀스러운 즐거움을 그는 이미 이해한 듯했다.

그 시절의 수통 속 막걸리는 이제 내 기억 속에서 더 달콤해졌다. 그 맛은 막걸리 그 자체가 아니라, 삽질하며 흘린 땀과 서로를 의지하며 나눈 추억이 만들어 낸 것이었다. 오늘도 가끔씩 그 시절을 떠올리면, 마음 한편에서 아련하게 피어나는 막걸리 향이 느껴진다. 그건 단순한 술이 아니라, 내 청춘의 작은 증표였다.

뱀과의 전쟁, 그리고 김성진 선배님

군 생활을 돌아보면 대부분은 고된 기억으로 남는다. 그러나 간혹 웃음을 터뜨릴 수 있는 순간도 있다. 내 이야기를 들으면 웃음보다 "이런 일이 다 있었어?"라는 반응이 먼저 나올지도 모른다. 그 이유는 군대에서 뱀과 전쟁을 치렀기 때문이다.

뱀과의 악연은 입대 전부터 시작되었다. 논두렁에서 맨발로 일하다가 똬리를 틀고 있던 뱀을 모르고 밟았다. 발바닥으로 전해진 섬뜩하고 서늘한 느낌은 아직도 생생하다. 그 이후로 뱀만 보면 숨이 막혔고, 불행히도 이런 약점이 고참들에게 발각되고 말았다.

그 장난질의 주범이 바로 김성진 선배님이었다. 안타깝게도 지금은 고인이 되었지만, 그분의 장난과 웃음소리는 아직도 귀에 생생하다.

어느 날, 관물대 위에 누런 봉투가 하나 올려져 있었다. 무심코 손을 넣었다가 거칠고 차가운 것이 손끝에 닿는 순간, 머릿속이 하얘졌다. 봉투 안에 뱀이 들어 있었다. 뒤로 넘어지며 비명을 지르니, 고참들은 뒤에서 배를 잡고 웃었다.

또 다른 날, 목욕탕에서 씻고 있는데 벽 너머로 뭔가가 날아들었다. 뱀이었다. 기겁하며 소리를 지르자, 벽 너머에서 김성진 선배님이 껄껄 웃으며 말했다.

"뭐 그렇게 겁이 많냐? 남자는 좀 담대해야지."

진지 보수 작업 중에도 장난은 계속되었다. 작업 중 철모를 벗어 두고 쉬고 있으면 철모 안에 뱀을 넣어 두었다. 심지어 잡은 뱀을 목에 걸겠다고 협박하기도 했다. 내 비명 소리는 진지 보수 작업의 배경음악이었다.

김성진 선배님의 뱀 사랑은 여기서 끝나지 않았다. 뱀을 잡아 구워 먹으며 "졸병도 같이 먹어야 한다"고 권유했다. 지금 생각하면 엄청난 용기였지만, 당시에는 도저히 따라할 수 없었다.

그때는 선배님의 장난이 사랑이라고 느껴지지 않았다. 그러나 세월이 흐른 지금, 가끔 떠올리면 슬며시 미소가 지어진다. 어쩌면 그 장난은 선배님 나름의 애정 표현이었을지도 모른다.

김성진 선배님, 보고 싶습니다. 지금도 어딘가에서 이 글을 보며 함께 웃고 계신 건 아니신가? 40여 년 전 그때처럼.

봄비 속에 피어난 기적 같은 인연

나는 상병 시절 조○○ 소대장님과 약 15개월을 함께했다. 부산대학교 ROTC 출신의 소위로, 그가 우리 2소대장으로 부임한 것은 아마도 1980년 중반쯤이었던 것 같다. 조 소대장님은 운동을 잘했고 특히 축구에 능했다. 공을 몰고 나가는 그의 모습은 그야말로 팀의 중심이었다. 하지만 축구만큼이나 강렬했던 것은 그의 승부욕이었다. 단순히 운동장에서 그치지 않았다. 소대원들에게 명령을 내리거나 작전을 지시할 때조차 그는 작은 실수 하나도 용납하지 않으려는 태도를 보였다.

이런 성격 탓에 소대원들과 갈등도 종종 일었다. 그때는 우리도 어린 나이였고, 소대장님 또한 혈기왕성한 청년이었기에 서로 부딪히는 일이 적지 않았다. 하지만 그가 보여 준 열정은 진심이었다. 지나고 나니 그런 모습조차 소대원들을 위하려는 책임감에서 비롯된 것임을 알 수 있었다. 그러나 그 열정도, 그의 목소리도 갑작스럽게 멈췄다. 어느 날 이유도 모른 채 그는 10중대로 전출되었다. 그리고 나는 몇 달 후인 1981년 10월에 제대를 했다.

제대를 하고 나니 삶은 바쁘게 흘러갔다. 군대에서의 기억은 마치 물속으로 가라앉은 돌처럼 서서히 희미해졌다. 조○○ 소대장님 또한 내 기억의 먼 곳으로 사라졌다.

그러던 1988년 올림픽이 열리던 해에 나는 대학원에 진학하면서 입시학원 강사로 일하고 있었다. 진주에서 꽤 이름난 학원이었는데, 바쁜 나날이 이어졌다. 그런 어느 봄날, 비가 주룩주룩 내리던 날씨였다. 교무실 창가에 서서 잠시 거리 풍경을 바라보고 있던 중, 문득 한 남자가 눈에 들어왔다.

그는 비를 맞으며 교무실 앞쪽에서 담배를 피며 서 있었다. 그의 뒷모습과 실루엣이 낯익었다. 비에 젖은 머리카락, 다부진 어깨, 그리고 특유의 자세까지. 순간 내 머릿속에 떠오른 이름, 조○○ 소대장. 하지만 곧 고개를 저었다. 그는 부산 사람이었고, 여긴 진주였다. 그럴 리가 없었다. 그냥 비슷하게 생긴 다른 사람일 것이다.

그러나 몇 분 후, 대입반 제자 L이 그 남자와 함께 걸어 나가는 모습이 보였다. 두 사람은 다정하게 대화를 나누며 같은 우산을 쓰고 비 오는 거리를 걸어갔다. 나는 그 남자를 힐끔힐끔 쳐다보며 혼란스러웠다. 정말 그가 조○○ 소대장님일까? 아니면 단순한 착각일까?

L이 학원으로 돌아오자 더는 참을 수 없었다. 나는 그녀에게 조심스레 물었다.

"좀 전에 나간 남자, 혹시 조○○ 소대장님 아니니?"

그녀는 깜짝 놀란 표정으로 고개를 끄덕였다.

"네, 맞아요. 그런데 선생님이 어떻게 아세요?"

순간 온몸에 소름이 돋았다. 조 소대장님과 내가 이렇게 다시 연결될 줄이야! 알고 보니 두 사람은 창원의 한 회사에서 동료로 만났고, 이후 연인 사이로 발전했다고 했다. 그리고 대학 진학을 목표로 학원을 찾은 L이 나의 제자가 된 것이다. 이 우연의 연속은 마치 소설의 한 장면 같았다.

그날 이후, 조 소대장님과 직접 만날 기회는 없었다. 하지만 몇 번 그에게서 전화가 걸려 왔다.

"L을 잘 부탁합니다."

그의 말은 짧았지만 따뜻했다. 그는 자신의 연인이 꿈을 이룰 수 있도록 한 발짝 물러서서 지켜보는 사람이었다.

L은 결국 경상국립대 국문학과에 입학했다. 그녀는 내 후배가 되었고, 학업을 성공적으로 마쳤다. 그 후 조 소대장님과 결혼했다는 소식을 들었다. 그는 기다릴 줄 아는 사람이었다. 연인이 꿈을 이루는 동안 묵묵히 그 곁을 지키는 그의 모습은 깊은 인상을 남겼다.

지금도 봄비가 내리면 그날의 풍경이 생생히 떠오른다. 비에 젖은 머리와 어깨 너머로 보였던 그의 뒷모습, 우산 속에서 조용히 서로를 의지하며 걸어가던 두 사람의 모습이 마치 영화 속 한 장면처럼 내 기억 속에 자리 잡았다. 인연이란, 그렇게 삶 속에서 문득 찾아오는 것이구나. 생각지도 못했던 순간에 조용히 스며들어, 지나간 시간 속에서 소중했던 기억들을 불러내고, 다시금 마음 한구석에 따스한 흔적을 남긴다.

그날 이후, 조 소대장님과 L의 이야기를 가끔 떠올리곤 한다. 학원에서 밤늦게까지 공부하며 학업에 매진하던 L의 눈빛 속에는 단순히 대학에 가겠다는 열망뿐 아니라, 누군가를 위해 노력하고 싶은 마음이 담겨 있었다. 그리고 그런 그녀를 묵묵히 응원하며 한 발 물러서 있던 조 소대장님의 모습은 진정한 사랑의 모습을 내게 가르쳐 주었다. 그것은 소유하려는 사랑이 아니라 지켜보며 기다릴 줄 아는 사랑이었다.

그들의 사랑이 꽃을 피운 날, 나는 두 사람을 직접 축하하지는 못했지만, 소식을 들었을 때 내 마음 속에서 잔잔한 기쁨이 피어났다. 조 소대장님이 보여 준 기다림과 배려는 마치 봄비처럼 조용히 내려, 땅속 깊이 스며들어 꽃을 피우는 힘을 만들어 낸 것이 아닐까. 그리고 그 기다림 속에서 L이 자신의 꿈을 이루고, 함께 더 넓은 세상을 향해 걸어갈 수 있는 사람이 된 것은 그 두 사람만의 작은 기적이었다고 나는 생각한다.

내가 그때 느꼈던 감정은 단순한 놀라움이나 반가움이 아니었다. 그것은 오래도록 가슴속에 남을 배움이었다. 사랑이란 서로를 위해 일나나 희생하고 배려할 수 있는지에 달려 있다는 것을, 조 소대장님이 내게 보여 준 것이다. 우리는 흔히 사랑을 성급히 정의하려고 한다. 좋아한다는 이유로 서둘러 내 것으로 만들고, 서로의 인생을 급히 꿰맞추려 한다. 하지만 조 소대장님의 사랑은 달랐다. 그는 그저 L을 믿고, 그녀가 꿈꾸는 길을 걸을 수 있도록 끝까지 지켜보았다. 그 기다림 속에서 그의 사랑은 깊고도 넓어졌다.

오늘도 봄비가 내린다. 유리창에 맺히는 빗방울을 보며 나는 문득 그날의 기억을 꺼내 본다. 그때 내가 조 소대장님께 전하지 못했던 말들이 여전히 마음속에 남아 있다. "소대장님, 당신은 진정으로 멋진 사람입니다." 나는 그 말을 지금 이 글을 통해 조용히 전하고 싶다. 당신이 보여 준 사랑과 기다림은 비단 L만이 아니라, 그때 그 자리에 있던 나에게도 깊은 울림을 남겼으니 말이다.

그리고 다시 한번 깨닫는다. 인연이란 우연처럼 다가와 우리의 삶에 흔적을 남기고, 다시 바람처럼 떠나간다. 하지만 그 흔적은 마치 비에 젖은 흙냄새처럼 오래도록 우리의 삶에 스며든다. 나는 그날의 비를, 그날의 기억을 오래도록 품고 살 것이다. 봄비가 내릴 때마다 나는 그날의 조 소대장님과 L의 모습을 떠올리며 조용히 미소 지을 것이다. 그것이 내가 그들의 이야기를 통해 배운 사랑의 의미이기에.

5부

잊히지 않는 이름들

소대장님의 술 한 잔…
기억 속의 김낙곤 소대장님

김낙곤 소대장님을 처음 만난 건 1981년 여름이었다. 햇볕이 따갑던 어느 날, 새로 부임한 소대장을 맞이했다. 단정한 군복, 날렵한 몸놀림, 필요 이상의 말을 하지 않는 태도. 소대장님은 말수가 적었지만, 그 적은 말 속에 힘이 있었다.

함께한 시간은 길지 않았다. 네 달 남짓. 그리고 나는 그해 10월, 제대를 앞두고 있었다. 말년 병장이 된 나는 매사에 무심했다. 부대 생활의 굴곡도, 훈련의 강도도 이제는 아무런 감흥을 주지 못했다. 시간이 흐르는 대로 몸을 맡기고 있었다. 소대장님이 축구를 잘한다는 것도, 함께 땀을 흘렸던 순간들도 그다지 크게 와닿지 않았다.

그런데 그날 밤의 기억은 다르다.

제대 하루 전, 점호가 시작되기 전이었다. 막사에서 시간을 때우고 있는데, 소대장님이 조용히 나를 불렀다. 뜻밖이었다. 이미 전역을 앞둔 병사를 굳이 부를 일이 있을까 싶었다. 걸음을 옮기며 머릿속으로 이런저런 생각을 했다. 무슨 할 말이라도 있으신 걸까?

소대장님의 숙소 문을 열자, 작은 책상 위에 두 개의 잔이 놓여 있었다. 낯선 광경이었다. 나는 어색하게 서 있었고, 소대장님은 아무 말 없이 잔을 하나 들어 내게 건넸다.

"한 잔 할까."

그 목소리는 조용했지만, 단호했다. 나는 천천히 잔을 받아 들었다.

맑은 술이 흔들렸다. 군대에서 술을 마시는 일은 흔치 않다. 공식적인 자리에서도, 암묵적으로 허용되는 경우에도 항상 조심스러웠다. 하지만 오늘은 달랐다. 이건 단순한 술이 아니라, 보내는 사람과 떠나는 사람 사이의 조용한 예식 같았다.

첫 잔을 비웠다. 목을 타고 내려가는 따끔한 감촉이 생생했다. 소대장님은 여전히 말이 없었다. 나는 그 침묵을 방해하고 싶지 않았다. 어쩌면 '고생 많았다', '제대 후엔 무슨 계획이 있느냐' 같은 말들이 오갔을지도 모른다. 하지만 정작 기억에 남는 건 그 말들이 아니라, 잔을 주고받던 순간의 공기였다.

나는 마치 오랜 친구와 함께 있는 듯한 기분이 들었다. 계급도, 부대도, 형식도 사라진 채, 그냥 한 사람과 한 사람이 마주 앉아 있었다. 소대장님은 내게 어떤 조언을 하려 하신 걸까? 아니면 그냥 떠나는 병사를 위한 조용한 배웅이었을까?

그날 밤, 나는 늦도록 잠들지 못했다. 이제 막 어둠이 내린 막사, 창밖에서 들려오는 나뭇잎 흔들리는 소리, 그리고 내 귓가에 남아 있던 짧은 한마디.

"한 잔 할까."

소대장님은 아마 이 순간을 기억하지 못할 것이다. 하지만 나는 기억한다. 가끔씩 문득 떠오른다. 따뜻한 술 한 잔과 함께, 무언의 위로를 건네던 그 조용한 밤이.

이별이 늘 거창할 필요는 없다. 때로는 아무 말 없이 건네는 한 잔의 술이, 오랜 시간 마음에 남는다.

백광현 선배님과의 추억…
기억 속의 백 선배님

　백광현 선배님과의 추억은 1979년 3월, 자대에 배치받으면서 시작되었다. 그때 나는 이등병이었고, 선배님은 이미 상병으로 중간 고참이셨다. 우리가 함께한 시간은 정확히 1년하고도 조금 더였던 것 같다. 그 시절, 선배님은 중대 전령 임무를 맡고 계셨다. 매일 중대 본부에서 명령서나 서류를 받으면 소대에 전달하는 일이었고, 그 외에도 소대의 살림을 돌보며 묵묵히 자기 일을 해내셨다. 바쁜 다른 고참들이 있었지만, 선배님은 항상 자리를 지키며 필요한 일을 빠짐없이 챙기셨다.

　선배님은 말수가 많지 않으셨고, 그 덕분에 깊은 대화는 거의 나누지 않았다. 고참과 이등병의 차이도 있었지만, 전령으로 소대에 자주 있지 않다 보니 만날 기회가 많지 않았다. 그럼에도 불구하고 선배님은 언제나 맡은 일을 정확하고 신속하게 해냈다. 군대라는 곳에서 묵묵히 자기 일에 집중하는 사람은 결국 신뢰를 받게 마련인데, 선배님은 그 신뢰를 모두 얻으신 분이었다. 그때 나는 선배님이 위에서나 아래에서 모두 인정받는 분임을 확실히 느꼈다.

　제대 후 시간이 지나, 선배님이 고향으로 전우를 찾는 편지를 보내온 이야기를 듣고는 큰 인상을 받았다. 전우들을 잊지 않고 계속 연락을 이어가려는 선배님의 마음이 깊이 남았다. 이후 2010년쯤, 합천 대병중학교에서 교장으로 재직 중일 때, 염병술 선배님과 연락이 닿게 되었고, 그때 몇 번 통화를 하며 거창읍에서 염 선배님과도 만나게 되었다. 그 자리에서 백 선배님은 여전히 강건하게 잘 살고 계시다는 소식을 들었다.

그 이후로 다시 시간이 흘러, 최근 카톡방을 통해 선배님과 다시 연락이 닿았다. 군 시절, 고참으로서, 후배로서 함께했던 시간들이 떠올랐다. 선배님은 아무 말 없이도 많은 것을 가르쳐 주신 분이었다. 묵묵히 자기 일을 해내는 모습, 그리고 주변을 살피며 따뜻한 마음을 나누셨던 선배님은 여전히 내 마음 속에 큰 의미로 남아 있다.

그렇게 다시 근황을 알게 된 것도, 그 인연이 이어져서 가능한 일이었다고 믿는다. 백 선배님과의 인연은 군대 시절의 짧은 시간 속에서 시작되었지만, 시간이 지나도 잊을 수 없는 따뜻한 추억으로 내 마음에 깊이 새겨져 있다. 그때의 선배님을 떠올리면, 고맙고 그리운 마음이 든다. 그리고 그 인연이 시간이 흘러도 여전히 이어지고 있다는 사실이 큰 위로가 된다.

최근, 선배님께서 제대 때 만들었던 추억록 사진을 올려 주셨고, 그 안에서 내가 쓴 45년 전의 편지를 발견하고는 깜짝 놀랐다. 20대 초반의 내 손글씨로 쓴 그 편지를 보니 얼마나 반갑고 신기했던지. 이 귀한 자료를 지금까지 보관해 주신 선배님께 진심으로 감사드리며, 그때의 추억들이 여전히 마음속에 살아 있음을 느꼈다.

  그렇게 시간이 흐르고, 다시 선배님과의 인연이 이어진 지금, 그때의 추억들은 더욱 선명하게 가슴 깊이 남아 있다. 군 시절, 선배님은 말 없이도 내게 많은 것을 가르쳐 주셨다. 묵묵히 자기 일을 해내며, 주변을 살피고, 따뜻한 마음을 전해 주셨던 선배님의 모습은 언제나 내 안에 큰 울림을 남긴다. 그리고 그 인연이 오늘날까지 이어지고 있다는 사실이, 세월이 아무리 흘러도 변하지 않는 진정한 우정의 가치를 일깨워 준다.

  그때의 선배님을 떠올리면, 가슴 한편에 그리움이 스며들고, 그리운 마음에 마음이 먹먹해진다. 시간이 지나도 잊을 수 없는, 진심으로 따뜻했던 그 시절의 감정들이 내 안에서 다시 살아난다. 그동안 말하지 못한 고마움과 그리움을 이제야 조금씩 전할 수 있는 기회를 갖게 되어 정말 감사하고, 그 시간이 더욱 소중하게 느껴진다.

  선배님, 그때의 그 따뜻한 모습은 내 마음 속에 언제나 살아 있을 것이다. 그 인연이 계속해서 이어지고 있다는 사실이 얼마나 큰 위로와 힘이 되는지 모르겠다. 45년이라는 시간이 흘렀지만, 그 추억은 결코 사라지지 않고, 우리 마음속에서 영원히 빛날 것이다. 그리운 선배님, 언제나 고맙고, 또 고맙다.

잊히지 않는 이름…
염병술 선배님을 기억하며

군대에서 만난 수많은 얼굴 중에서도 유독 따뜻하게 남은 이름, 염병술 선배님.

6검문소에서 함께 근무하던 시절, 그는 부드럽고 사람 좋은 선배였다. 졸병들에게 싫은 소리 한마디 없이, 언제나 편하게 대해 주었다. 화목하러 가서 얼음판 위에서 축구를 할 때도 그랬다. 마음껏 태클을 걸어도, 미끄러져 넘어져도, 그는 그저 웃으며 일어났다.

그중에서도 나에게 유난히 다정했던 것은 아마도 우리 고향이 가까웠기 때문일 것이다. 거창과 합천. 같은 강을 바라보며 자란 사람들끼리는 낯선 땅에서도 금세 정이 붙는다. 까마귀도 고향 까마귀가 반갑다지 않은가. 강원도 철원에서 마주한 고향 사람, 그것만으로도 마음 한편이 따뜻했다.

제대 후, 삶은 바쁘게 흘러갔다. 그러나 문득문득 떠오르는 얼굴들이 있다. 염 선배도 그랬다. 그러다 2009년, 합천에서 학교장을 하며 거창으로 출장을 갈 일이 생겼다. "아, 거창! 염 선배 고향이었지." 그 순간, 이름 하나가 선명히 떠올랐다.

   수소문 끝에 연락이 닿았고, 출장길에 염 선배를 만났다. 오랜만의 재회였지만, 그는 여전했다. 변한 것이 있다면, 이제 그는 전우들을 하나둘 다시 모으고 있다는 점이었다. 옛 주소지를 뒤져 가며 편지를 보내고, 한 명 한 명을 찾아 나서는 그의 모습에서, 지나간 시간도 새삼 따뜻하게 느껴졌다.

   "선배, 너무 애쓰지 마십시오. 인연이 되면 다시 만나게 될 것입니다."

   하지만 나는 안다. 누군가는 이렇게 손을 내밀어야 인연이 다시 이어진다는 것을. 그래서 오늘도 염 선배는 오래된 주소 위에 새 이름을 적고 있을 것이다.

   소만산 신주에서 이자술 선배님과 함께 보기로 했다. 어떤 이야기가 오갈까. 그 순간이 기다려진다.

   세월이 흘러도, 이름이 희미해져도, 염병술. 그 이름은 고향 까마귀처럼 반가운 얼굴로, 내 기억 속에 오래 머물 것이다.

기다림의 자리…
이차술 선배님을 기억하며

이차술 선배님과의 본격적인 인연은 제6검문소 시절부터였다. 나는 이등병, 선배님은 아마 일병이나 상병쯤 되었을 것이다. 군대라는 공간에서 계급은 분명한 선을 그었지만, 이 선배님은 그 선을 권력처럼 휘두르는 사람이 아니었다. 조용히 자기 할 일을 하는 사람, 아랫사람을 힘들게 하지 않는 사람이었다. 마치 동네 형처럼 편안한 선배였다.

특히 내게는 유독 다정했다. 아마도 같은 경남 출신이어서 그랬을 것이다. 나는 합천, 선배님은 산청. 입대 전에 알지는 못했지만, 한 사람만 건너면 연결될 수 있는 가까운 인연이었다. 군대에서는 그런 사소한 공통점이 큰 위안이 된다. 같은 고향의 공기, 같은 사투리의 리듬, 같은 맛의 기억들. 선배님과 나는 그 보이지 않는 끈으로 이어져 있었다.

제대 후, 십수 년이 지난 1993년. 우리는 진주에 있는 도원성 자동차 운전면허 학원에서 다시 만났다. 짧은 반가움, 짧은 인사. 그때 우리는 더 깊은 대화를 나누지 못했다. 면허 연습 스케줄에 쫓겨 인사를 나누고 헤어졌고, 그 짧은 만남이 아쉬운 기억으로 남았다.

그 후로 오랜 시간이 흘렀다. 그러다 얼마 전, 카톡방에 등록된 전화번호를 보고 선배님께 전화를 걸었다.

전화를 받는 목소리는 예전 그대로였다. 변함없는 말투, 변함없는 음색. 세월이 지나도 목소리는 쉽게 늙지 않는 법이다.

궁금한 게 있었다. 소대에서 왕처럼 군림하던 박○○ 선배의 소식이었다. 선배님과 같은 산청 출신이었으니, 혹시 소식을 알고 있지 않을까 싶었다. 하지만 선배님도 박 선배 소식은 알지 못한다고 했다. 그렇게 가끔은 같은 고향에서도 서로 엇갈리며 살아가는 것이 사람의 인연인지도 모른다.

그러다 대화 중에 선배님이 같은 진주에 살고 있다는 걸 알았다. 가까운 곳에 있었으면서도, 한 번도 마주치지 못했다니. 같은 하늘 아래 다른 길을 걸어온 시간들이 떠올랐다.

"거창의 염 선배께서 진주에 오면, 같이 봅시다."

선배님과 약속을 했다. 그렇게 오래도록 이어진 인연이 다시 만날 자리를 기다리고 있다. 기다림이란, 때로는 그 자체로 설레는 일이다. 언젠가 다시 만나면, 그때는 짧은 인사가 아니라 오래도록 함께 앉아, 지난 세월을 찬찬히 펼쳐 볼 수 있기를.

그리운 목소리, 따뜻한 얼굴…
윤광선 선배님을 기억하며

윤광선 선배님과의 첫 만남은 1979년 3월, 자대 배치를 받고서였다. 군복에 갓 스며든 풋내를 풍기며 긴장 속에 서 있던 내게, 선배님은 한결 편안한 얼굴로 손을 내밀었다. 따뜻한 첫인사였다. 그러나 본격적으로 함께 생활한 건 며칠 후, 제6검문소 시절부터였다.

윤 선배님은 소탈하고 푸근한 분이었다. 날카롭게 각 잡힌 군대의 질서 속에서도, 그분 곁에선 이상하게도 긴장이 풀어졌다. 따뜻한 성격이 천천히 녹아들어, 주변 공기까지 온화하게 바꾸는 듯했다.

특히 기억에 남는 건 논에서 보낸 하루였다. 푸른 하늘 아래, 햇살이 논바닥을 반짝이게 하던 그날. 작업 도중 뜻밖의 상황이 벌어졌고, 다른 소대원들의 도움으로 작업을 마무리했던 그 순간의 일들은 오래도록 내 기억 속에 스며들었다. 40여 년이 지난 지금도, 그날의 장면은 낡은 필름처럼 흔들리며 선명하게 남아 있다. 그러나 선배님은 기억하지 못할 수도 있다. 기억은 때때로 선택적으로 남겨지는 것이니까.

얼마 전, 예호 후배가 양평에서 윤 선배님을 만났다는 소식을 전했다.

반가움이 벼락처럼 가슴을 두드렸다. 그리고 며칠 후, 선배님께 전화가 왔다.

낯설 만큼 오랜 시간이 흘렀지만, 목소리는 변함없었다. 무심한 듯 툭 던지는 말투 속에 정이 묻어 있었다. 제대 후 처음 나누는 대화였지만, 어색함보다는 잊고 있던 온기가 먼저 밀려왔다. 그리움은 종종 말보다 깊은 곳에서 이어지는 법이다.

카톡으로 전해진 사진 속 선배님은 예전 모습 그대로였다. 흰 머리 몇 올이 늘었을 테지만, 후덕한 인상은 여전히 변함없었다. 얼굴이 크게 변하지 않는 사람은, 아마 마음이 단정한 사람일 것이다. 선배님은 그랬다.

얼마 전 서울에서 전우들이 모였을 때도, 선배님은 흔쾌히 양평에서 달려왔다고 했다. 멀리서도 한달음에 달려와 주는 사람, 오랜 시간이 흘러도 변함없이 마음을 내어 주는 사람. 윤광선 선배님은 그런 분이었다.

세월이 흐르면서 많은 것이 바뀌지만, 어떤 인연은 낡지 않는다. 시간이 흘러도, 다시 만나면 어제 본 듯 반가운 얼굴들. 윤 선배님은 내 기억 속에서, 그리고 지금 내 마음속에서도 여전히 따뜻하게 웃고 있다.

최 선배와의 첫 축구 경기…
최삼서 선배님에 대한 기억

1979년 3월의 공기는 묘하게 들떠 있었다. 자대 배치를 받은 지 얼마 되지 않은 어느 날, 우리 소대가 6검문소로 파견 근무를 하러 떠나는 날이었다. 새로운 임지로 가는 트럭이 오기를 기다리는 우리는 떠난다는 설렘과, 낯선 환경에 대한 긴장감이 교차하는 순간을 맞이하고 있었다. 그때 한 사람이 축구공을 들고 나타났다.

"한 게임 할까?"

최 선배였다. 막내였던 우리는 그의 말에 별다른 선택지가 없었다. 그래도 축구라면 싫지 않았다. 나뿐만 아니라 김필규, 박성민 등 축구를 좋아하는 선임들도 함께 미니 게임을 시작했다. 좁은 공간에서의 축구는 내게 익숙했다. 입대 전, 마을 공터에서 친구들과 수없이 공을 찼으니까. 지금의 풋살과 비슷한 그 게임에서 나는 자연스럽게 몸을 움직였고, 몇 번 공을 다루는 기술도 보여 줬던 것 같다.

그 순간, 최 선배가 환하게 웃었다.

"볼 잘 차는 후배가 들어왔네!"

그의 얼굴엔 반가움이 가득했다. 작은 재능 하나가 만들어 낸 유대감이었다. 축구공 하나로 서먹했던 분위기가 단숨에 풀렸다.

최 선배는 단순히 축구를 좋아하는 것 이상으로, 사람을 잘 챙기는 선배였다. 분위기를 읽는 감각이 탁월했다. 고참들의 표정이 어두워지면 먼저 알아차리고, 특유의 유쾌함으로 분위기를 바꿔 놓았다. 그런 사람이었으니, 축구를 할 때도 달랐다. 이기겠다는 집념보다는 모두가 즐겁게 뛰도록 조율하는 플레이를 했다.

그때의 6검문소는 지금 생각해도 살벌한 곳이었지만, 틈틈이 우리는 양지리 초등학교 운동장에서 5검문소 1소대와 축구 시합을 했다. 먼지가 풀풀 날리는 운동장에서 거친 군화를 신은 채 공을 찼다. 패스를 주고받으며 땀이 흐를수록, 군인이라는 사실도 잊고 어린 시절로 돌아간 기분이었다.

오랜 시간이 흘렀다. 얼마 전 염 선배를 통해 최 선배 소식을 들었다. 가끔 카톡방에서도 그의 이름을 본다. 여전히 축구를 좋아할까? 여전히 분위기를 읽으며 사람들을 따뜻하게 감싸 줄까?

그날 최 선배가 던졌던 축구공처럼, 기억도 둥글게 굴러 돌아온다. 이제는 먼 곳에서 서로를 응원하는 사이가 되었지만, 인생이라는 경기장에서 그는 여전히 멋진 플레이를 하고 있을 것이다.

6부

다시 찾은 전우들

다시 찾은 전우…
조○○ 후배님에 대한 기억

시간은 많은 것을 바꾼다. 그러나 어떤 기억은 세월의 풍파에도 빛바래지 않는다. 조 후배와 함께한 군대 생활이 바로 그런 기억이다.

나는 그를 6검 시절부터 알았다. 서너 달 늦게 입대한 그가 소대에 배치되었을 때, 마치 오래전부터 알고 지낸 사람처럼 자연스레 어울렸다. 김성진 선배의 픽업을 받아 주방장 부사수로 일하며, 우리 소대원들의 한 끼 한 끼를 책임졌다. 나중에 사단 항공대로 파견되었을 때도 여전히 주방 보조로 근무했다. 작은 체구에도 불구하고 그는 놀라운 깡다구를 지닌 사람이었다. 힘든 일을 묵묵히 견뎌 내고, 불의 앞에서는 결코 침묵하지 않았다.

그의 강단 있는 성격이 빛을 발한 사건이 있다. 언제였는지는 정확히 기억나지 않지만, 중대 전체가 한창 작업에 동원되었을 때였다. 조 후배가 보이지 않았다. 한참 후, 먼지를 털며 나타난 그는 태연하게 말했다.

"한 판 붙었습니다."

김 하사와 계급장을 떼고 몸싸움을 벌였다는 것이다. 당시 병사와 하사 간의 갈등은 흔했지만, 조 후배처럼 직접 부딪히는 이는 많지 않았다.

시간이 흘러도 가끔 그의 얼굴이 떠올랐다. 강원도로 출장 갈 때면 영월이라는 지명이 그의 고향이라는 사실을 상기시켰다. 십수 년 전, 나는 그를 찾고 싶어 인터넷을 뒤졌다. 그의 초등학교 동창 카페에서 이름을 발견하고 연락처를 남겼다. 그리고 마침내 우리는 다시 통화할 수 있었다. 여전히 반가운 목소리였다. 그는 대구에서 직장 생활을 하고 있다고 했다. 만나기로 약속했지만, 시간이 흐르면서 번번이 기회를 놓쳤다. 그리고 지난 1월, 다시 그의 소식을 접했다. 이번엔 다짐했다. 이번만큼은 꼭 만나야겠다고.

40년이 흘렀다. 그러나 우리 사이의 전우애는 변치 않았다. 조 후배와 다시 만나 서로의 눈빛 속에서 그 시절을 확인하고 싶다. 다시 함께할 그 순간이, 마치 군내에서 첫 끼를 함께했던 날처럼 소중하게 느껴진다.

강인한 전우…
임효상 후배님을 기억하며

임효상 후배는 나보다 8달 정도 늦게 입대해 6검에서 함께 생활하기 시작했다. 처음 그를 본 순간부터 그는 남다른 존재감을 뿜어냈다. 산처럼 듬직한 체격에 강철 같은 체력을 지닌 사내였고, 학창 시절 핸드볼 선수로 활약했다는 이야기를 듣고는 더욱 고개가 끄덕여졌다. 그의 손바닥은 솥뚜껑처럼 넓었고, 악수를 할 때마다 단단한 손아귀 힘에서 그의 강인함이 고스란히 전해졌다. 하지만 그가 강한 것은 단순히 신체적인 부분만이 아니었다. 따뜻한 마음과 깊은 의리를 지닌, 진정한 전우였다.

군 생활에도 빠르게 적응해 누구보다 씩씩하게 임했으며, 고참들에게도 인정받았다. 그러나 그가 가장 빛났던 순간은 동기들을 챙길 때였다. 특히 체력이 약하고 행동이 굼뜬 김재은 동기를 세심하게 돌보던 모습이 인상 깊었다. 내무반에서는 늘 김재은의 옆에서 그를 도와주었고, 훈련 중에도 먼저 손을 내밀어 함께할 수 있도록 이끌었다. 우리들 사이에서 그는 단순한 동기가 아니라, 믿음직한 형과도 같은 존재였다.

가장 선명하게 남아 있는 기억은 1980년 봄, 6검 철수를 며칠 앞둔 어느 날이었다. 7검 오전 근무를 마치고 내무반으로 돌아왔을 때, 분위기가 심상치 않았다. 무슨 일이 있었는지 자세히 알 수 없었지만, 술에 취한 왕고 참 P병장이 분노를 참지 못하고 소대원들을 엎드려뻗쳐 시킨 채 화목용 장작을 휘둘렀다. 그 장작이 임 후배의 어깨를 강하게 내려쳤고, 순간 그는 쓰러졌다. 다른 전우들은 숨죽이며 바라볼 수밖에 없었다. 임 후배는 고통을 참으며 이를 악물었지만, 결국 골절상을 입고 철원읍 병원으로 실려 갔다.

그 순간을 떠올릴 때마다 가슴이 답답하고 먹먹해진다. 왜 그런 부당한 폭력이 용인되었는지, 왜 우리는 아무것도 할 수 없었는지. P병장에게 묻고 싶다. 위기가 닥쳤을 때 전우를 감싸는 것이야말로 군인의 도리 아닌가? 우리 소대원을 지키는 것이 선임의 역할 아닌가? 다행히도 이 일은 더 큰 문제 없이 지나갔지만, 그날의 씁쓸함과 무력감은 오랫동안 내 안에 남아 있었다.

또 하나 기억에 남는 일은 내내 체육대회 날 벌어진 뜻밖의 해프닝이다. 중대 대항 기마전이 끝나고 숨을 돌리던 찰나, 갑자기 내 복부를 강타하는 강한 충격이 전해졌다. 정신을 차려보니 타 중대원이 서 있었고, 이유를 묻자 그는 분노에 찬 얼굴로 다른 사람에게 한 대 맞고 너한테 맞은 줄 잘못 알고 때렸노라고 했다. 그때 그 친구를 때린 사람이 임 후배였다. 어처구니없는 상황에 어찌할 바를 몰랐지만, 결국 사과를 받고 웃으며 넘겼다. 지금 돌이켜 보면 그것도 군대라는 공간에서 피어난 기묘한 전우애의 한 단면이 아니었을까 싶다.

1981년 겨울, 우리는 삼청교육대에서 조교로 함께 근무하며 또 한 번 역사적인 순간을 나란히 경험했다. 얼어붙은 겨울밤, 혹독한 훈련이 이어지는 와중에도 임 후배는 특유의 강인함과 따뜻한 배려심을 잃지 않았다. 후배들에게는 든든한 조교로, 동기들에게는 변함없는 전우로 남아 있었다.

그 후 임 후배는 대대 본부 특공소대로 차출되었고, 나는 제대했다. 시간이 흐르고 각자의 삶을 살아가게 되었지만, 그의 모습은 세월이 지나도 여전히 선명하다. 군대라는 거친 환경 속에서도 그는 끝까지 전우를 아끼고 보호하려 했던 사람이었다. 전우란, 함께한 시간을 기억하는 사람들이 아닐까. 지금도 그의 이름을 떠올리면 가슴 한편이 뜨거워진다. 그와 함께했던 날들, 그의 강인한 모습과 따뜻한 마음씨는 내게 오래도록 잊히지 않을 것이다.

세월을 가로지르는 이름…
지상락 후배님을 기억하며

처음 만난 순간을 떠올리면, 선명한 장면 하나가 스쳐 간다. 6검 시절, 그는 바람처럼 가벼웠고, 물처럼 맑았다. 무슨 일이든 척척 해내는 후배, 시킨 일을 넘어, 스스로 알아서 움직이는 후배. 그는 그런 사람이었다.

이름도 참 단정했다. 지상락(地上樂). 땅 위의 기쁨이라니, 그 이름대로 그는 늘 생기 넘쳤다.

겨울이 오면, 지 후배는 대대의 얼굴이 되었다. 철원의 호수에 얼음이 얼면, 그가 대대 대표로 선발되었다. 그가 스케이트를 타고 얼음 위를 가르는 모습은 한 폭의 그림 같았다. 누구보다 빠르게, 누구보다 날렵하게, 그가 지나간 자리에는 투명한 얼음 자국이 남았다. 마치 세상을 가르는 물결처럼.

그런가 하면, 6·25 웅변 대회가 열릴 때면 그는 다시 대대 대표로 선발되었다. 평소에는 말수가 적었지만, 단상에 서면 목소리는 힘이 있었고, 말에는 생기가 넘쳤다. 그가 외치는 한마디 한마디에 사람들은 자연스레 귀를 기울였다. 운동도 잘하고, 말도 잘하고, 게다가 깔끔한 성격까지 갖

춘 사람이었다.

긴 행군 중, "잠시 휴식!"이라는 소리가 들리면 대부분의 병사들은 땅에 털썩 주저앉기 바빴다. 그런데 지 후배는 달랐다. 냇물이 보이면, 주저 없이 뛰어가 얼굴을 씻고 돌아왔다. 그가 물을 한 번 쓸어 넘기고 돌아올 때면, 그의 눈빛은 더 맑아졌고, 얼굴은 더 빛났다. 그 모습이 어찌나 단정하고 개운해 보였던지, 나는 몇 번이나 따라 해 볼까 고민했었다.

그렇게 시간이 흘러, 제대 후 30년이 넘게 지났다. 어느 날 문득, 지 후배가 궁금해졌다. 세월이 흘렀어도 여전히 반듯할까? 그의 말투는 변하지 않았을까? 인터넷을 뒤지다 포천 '콩예원'이라는 곳을 발견했고, 조심스레 전화를 걸었다.

순간, 전화기 너머에서 반가움이 폭발했다. 그의 목소리는 여전했다. 마치 어제 만난 사람처럼, 우리는 스스럼없이 이야기했다. 그렇게 세월이 한순간에 사라졌다. 그런데 이상하게도, 그 후 우리는 자주 연락하지 않았다. 서로를 그리워하면서도, 일상의 바쁨으로 인한 거리감이 있었다.

그러던 어느 날, 예호 후배 덕분에 다시 연락이 닿았다. 그리고 얼마 전, 서울권 전우들의 모임 사진이 카톡방에 올라왔다. 그 사진 속에서, 나는 단번에 지 후배를 찾아냈다. 여전히 단정한 모습, 여전히 깔끔한 눈빛. 세월이 흘러도, 그는 여전히 그 자리에서 빛나고 있었다.

지상락. 그 이름을 부를 때마다, 나는 그가 떠난 자리에도 투명한 얼음 자국처럼 선명한 기억이 남아 있음을 깨닫는다.

다시 이어진 인연, 그리고 작은 텃밭…
송예호 후배님에 대한 기억

　세월이 흘러도 마음 한구석에 남아 있는 사람이 있다. 잊힐 법도 한데, 문득 떠올리면 미소가 번지고, 따뜻한 기억이 되살아나는 사람. 내게 송예호 후배가 그렇다.

　우리는 6검문소 시절이 끝나고 삼성리 부대에서 함께 생활했다. 길다면 길고, 짧다면 짧은 2년 남짓. 하지만 그 시간 동안 송 후배는 내 기억 속 깊이 자리 잡았다.

　그는 작고 단단한 사람이었다. 체구는 작았지만, 훈련 때마다 M60기관총을 메고 묵묵히 걸었다. 지쳐 보일 법도 한데 그는 늘 웃었다. 고참들의 지시에도 군말 없이 따랐고, 분위기를 부드럽게 만들기 위해 일부러 농담을 던지곤 했다. 고된 훈련 속에서도 함께 웃을 수 있도록 만들던 그 모습이 아직도 선명하다. 그렇게 정이 들었다. 함께한 시간만큼이나 깊이 스며든 후배였다.

　제대 후, 한동안 소식이 끊겼다. 어디서 어떻게 지낼까 궁금했지만, 바쁜 일상에 밀려 연락을 시도하지 못했다. 그러던 1990년대 말, 우연히 연락이 닿았다.

그때 나는 고등학교 교사로 근무하고 있었다. 봄이면 수학여행을 떠났고, 늘 들르는 곳이 용인 에버랜드였다. 마침 송 후배가 용인에 살고 있었다. 그렇게 우리는 용인의 어느 저녁, 다시 만났다. 오랜만에 마주한 얼굴은 여전했다. 낡은 군화처럼 세월의 흔적이 묻어 있었지만, 그 안에 깃든 따뜻함은 그대로였다.

늦은 밤까지 이야기를 나눴다. 군대 시절의 추억, 제대 후의 삶, 가르치는 학생들, 그리고 송 후배의 일상까지. 그날 우리는 몇 년의 공백이 무색할 만큼 자연스럽게 이야기를 이어 갔다. 하지만 바쁜 일상은 다시금 우리를 갈라놓았다.

그 후 몇 번 연락을 주고받았지만, 자연스럽게 뜸해졌다. 그렇게 또다시 몇 년이 흘렀다. 그리던 작년, 뜻밖의 연락이 왔다. 송 후배였다.

"그동안 외국에 나가 있었어요. 연락이 안 돼서 미안합니다."

그 반가운 목소리에 마음이 따뜻해졌다. 그리고 이번에는 그가 우리 전우들의 모임을 만들었다. 덕분에 오랜 시간 흩어져 있던 15명의 전우가 다시 연결되었다.

송 후배는 최근 연로하신 어머님과 장인어른, 두 분을 모시고 산다고 했다. 젊은 시절의 품성이 그대로 이어진 것 같아 마음이 따뜻해진다.

그는 요즘 은퇴를 하고 작은 텃밭을 가꾸고 있다고 했다.
"아침마다 텃밭에 나가 흙을 만지고, 자라는 작물들을 살피는 시간이 하루 중 가장 평화롭습니다."

그는 그렇게 말했다.

텃밭 얘기 속에 우리의 공통점이 있었다. 키우는 작물에 관한 얘기, 갖가지 농사 정보 등이 우리의 대화를 풍성하게 이끌었다.

"흙을 만지면 마음이 차분해지더라고요."

그 말에 나는 문득 우리 사이의 인연도 이 텃밭과 닮았다는 생각이 들었다.

우리의 인연은 한 번에 쭉 이어지지 않았다. 때로는 끊어졌고, 때로는 다시 이어졌다. 오랜만에 연락이 닿으면 마치 묵혀 두었던 씨앗이 비를 만나 싹을 틔우듯, 우리의 대화도 다시금 생명력을 되찾았다.

끊어졌다가도 다시 이어지는 인연. 스쳐 가는 듯하다가도 결국 다시 만나게 되는 인연. 송 후배와 나는 그런 특별한 인연을 가지고 있다.

그리고 나는 안다. 우리의 인연도, 그가 가꾸는 작은 텃밭처럼, 계절이 바뀌어도 계속해서 자라날 것임을.

순박한 청년…
권순창 후배님을 기억하며

권 후배님과 함께한 시간이 길지 않았다. 나는 말년 병장이었고, 그는 이제 막 전입 온 이등병이었다. 후임 중에서도 막내였기에 그와 많은 추억을 만들지는 못했지만, 그의 첫인상만큼은 선명하게 남아 있다.

작은 체구, 앳된 얼굴. 안동 사투리가 섞인 말투, 그리고 어딘지 순박한 얼굴. 세상 물정 모르는 듯한 순진함이랄까. 그 모습이 시간이 지나도 지워지지 않는다.

얼마 전, 카톡방에서 그의 사진을 보았다. 얼마나 반가웠는지 모른다. 예호 후배가 어렵게 그를 찾아내 통화까지 했다고 했다. 다시 소식을 들을 수 있다는 것만으로도 가슴이 벅찼다. 그런데, 권 후배 하면 떠오르는 장면이 하나 있다.

어느 날, 부대에서 마라톤 대회 참가자를 모집했다.

"마라톤 잘하는 사람?"

선임의 질문에 아무도 선뜻 나서지 않았다. 하지만 그때, 권 후배가 주저 없이 손을 번쩍 들었다.

우리는 모두 깜짝 놀랐다. 이제 막 전입 온 신입. 내무반에 적응해야 할 때, 후임으로서 배워야 할 것이 산더미 같은데, 그는 거리낌 없이 마라톤을 택했다.

그날 이후, 그는 내무반에서 자주 사라졌다. 다른 후임들이 군기를 배우고, 고참들의 눈치를 살피며 하루하루를 보내는 동안, 그는 밖에 나가 마라톤 연습을 했다. 처음에는 대단하다고 생각했지만, 곧 후임들이 대신 그의 몫까지 일을 해야 했다. 눈치 없는 행동이었다. 선임들에게도, 후임들에게도. 하지만 그 모습마저도 미워할 수 없었다. 얄밉다기보다는, 그저 순박했다. 계산 없이 손을 들었던 것처럼, 권 후배는 언제나 맑고 꾸밈없었다.

그때 같이 마라톤을 뛰었던 사람이 1소대 김용진 하사였던가. 그래서 카톡에서 나는 그에게 댓글을 남겼다.

"요즘도 마라톤 합니까?"

그가 뭐라고 대답했는지는 중요하지 않다. 중요한 건, 40년이 지나도 우리는 여전히 같은 기억을 공유하고 있다는 사실이다.

인연이란 참 묘하다. 그렇게 헤어지고, 그렇게 잊힐 수도 있었을 텐데, 우리는 다시 연결되었다. 강산이 네 번 바뀌었다지만, 사람의 본바탕은 쉽게 변하지 않는 법이다. 나는 여전히 그를 순박한 청년으로 기억한다. 마라톤을 하겠다고 손을 번쩍 들던 모습 그대로.

언젠가 직접 만나게 된다면, 나는 그에게 다시 물어볼 것이다.

"그때 왜 손을 들었냐고"

그가 어떤 대답을 할지 궁금하다. 아마 여전히 순진한 얼굴로 웃으며 이렇게 말하지 않을까?

"그냥… 뛰고 싶어서요."

그때처럼, 아무런 계산 없이.

그리움은 시간 속에 피어난다…
백명열 하사님을 기억하며

백명열 하사를 기억한다. 함께한 시간이 길지는 않았다. 하지만 짧았던 그 순간들이 시간이 지나면서 더욱 또렷해졌다. 경북 안동에서 온 그는 순박하고 진실한 사람이었다. 하사가 되었지만, 계급을 내세우지 않았다. 위아래를 따지지 않고 누구에게나 정직하고 따뜻한 태도로 대했다.

그런 그의 마음이 군 생활을 버티는 힘이 되었을까. 아니면 그 순수함이 오히려 더 많은 시련을 불러왔을까. 하사 고참들에게서 많은 괴롭힘을 당했다고 들었다. 병사들에게도 마냥 편하지는 않았을 것이다. 위아래로부터 압박받는 자리에서 그는 늘 묵묵히 버텼다. 힘들다는 내색 한 번 없이. 마치 견디는 것이 자신의 몫이라도 되는 듯이.

그러던 어느 날, 그는 조심스럽게 지갑에서 사진 한 장을 꺼냈다. 아내의 사진이었다.

"입대 전에 결혼했어요."

그의 목소리에는 애틋함이 배어 있었다. 사진 속 아내는 나이가 어려 보였다. 마치 고향의 바람 같은 얼굴. 순박하고 맑은 눈망울, 수줍은 미소. 나는 놀라서 물었다.

"어쩌자고 이 어린 아내를 두고 입대를 했어요?"

그는 쑥스럽게 웃었다. 대답 대신 사진을 한 번 더 바라보았다. 아마도 그의 마음은 늘 저 사진 속 아내에게 가 있었을 것이다. 군대라는 낯선 땅에서, 고된 하루를 마치고 나면 사진 속 그녀에게 말을 걸며 잠이 들었을지도 모른다.

그런 백명열 하사를 어제 찾았다. 40여 년이 훌쩍 지난 뒤였다. 군 입대 동기였던 임 후배가 애써 찾아낸 것이다.

사진 속 그는 여전히 그였다. 세월이 흐르고 머리가 희끗해졌지만, 그 눈빛 속의 선함은 여전했다. 반가웠다. 어쩌면 한동안 잊고 지냈던 것이 미안하기도 했다. 문득, 그의 안부가 궁금했던 날들이 떠올랐다. 보고 싶었던 얼굴이었다.

그리움이란 그렇게 피어나는 것인지도 모른다. 시간이 흐른다고 해서 사라지는 것이 아니라, 더 깊고 선명해지는 것. 그 시절, 우리는 젊었고 고단했으며 서로에게 의지가 되어 주었다. 그는 여전히 나의 기억 속에서 따뜻한 미소를 짓고 있다.

"백명열 하사님, 잘 지내고 계시죠?"

이제는 그에게 직접 안부를 묻고 싶다.

7부

기억의 조각을 모으며

기억의 조각들을 완성하기 위해서

얼마 전, 옛 전우 열다섯 명이 다시 모였다. 얼굴을 마주한 건 아니지만, 카톡방이라는 작은 공간에서 우리는 다시 군화를 신었다.

"잘 지내십니까?"
"그때 그 일 기억나십니까?"

짧은 말 몇 마디가 오갈 뿐인데도, 오래전 봉인된 기억들이 하나둘 깨어났다. 눈보라 치던 야간 경계, 막사 안에서 돌아가며 돌려 읽던 낡은 소설책, PX 앞에서 몰래 나눠 마시던 환타 한 병까지.

우리는 각자가 갖고 있던 추억들, 사진 자료들을 모으기 시작했다.

나는 그동안 군 시절을 떠올리며 약 오십 편 정도의 글을 올렸다. 처음엔 밀려오는 추억을 글로 옮기는 일이 즐거웠다. 하지만 이제는 마치 바닥난 군 보급품처럼, 글감이 떨어져 가고 있다. 그때 문득, 이런 생각이 들었다.

'내가 기억하는 전우들 한 분, 한 분을 글로 남겨 보면 어떨까?'

그때 함께했던 이름들—김낙곤 소대장님, 백광현 선배님, 이차술 선배님, 염병술 선배님, 윤광선 선배님, 최삼서 선배님, 조○○ 후배님, 임효상 후배님, 지상락 후배님, 송예호 후배님, 권순창 후배님, 백명열 하사님. 이름을 떠올릴 때마다 얼굴이 스쳐 간다. 어떤 기억은 또렷한 반면 어떤 기석은 흐릿한 형상으로 남아 있다. 같은 내무반에서 잠을 잤는데도, 얼굴이 떠오르지 않는 경우도 있다.

하지만 기억이란 묘한 것이다. 잊혔다고 생각했던 장면도, 누군가의 이야기 한 토막으로 다시 살아난다.

물론, 우리가 같은 순간을 다르게 기억할 수도 있다. 한 장면을 보고도 어떤 이는 그날의 냄새를 떠올리고, 어떤 이는 그날의 소리를 기억한다. 같은 사건도 전우마다 다르게 새겨졌을 것이다. 하지만 그것이야말로 우리가 다시 모인 이유가 아닐까? 서로의 기억을 보태어 하나의 이야기를 완성하는 것.

전우들이 동의한다면, 이 기록을 남기고 싶다. 누군가의 기억 속에서 흐려진 이름들이 다시 불려지고, 바람처럼 흩어진 시간들이 한곳에 모이는 순간을 위해.

언젠가 우리 중 누군가가 다시 이 글을 읽게 된다면, 그 시절의 공기와 소리, 함께했던 시간들이 다시금 가슴속에서 살아날지도 모른다.

기억은 흐르는 강물 같지만, 그 강물 위에는 늘 우리라는 다리가 놓여 있다.

겨울, 그들과 함께한 시간

군 생활 2년을 넘기던 어느 겨울, 중대본부에서 나를 불렀다. 삼청교육대 조교로 차출되었다는 것이다. 듣도 보도 못 한 곳이었다. 정신과 몸을 정화하는 곳이라 했다. 군대에서 명령은 곧 운명이었다.

급히 모인 조교들은 대대 막사 앞을 정리하며 수련생들을 맞을 준비를 했다. 그리고 어느 날, 그들이 도착했다. 60트럭에 가득 실려, 얼어붙은 공기 속에서 하나둘 내려섰다.

그들의 몰골은 말이 아니었다. 얼굴과 몸은 피멍으로 얼룩졌고, 다친 흔적이 선명했다. 눈빛은 바짝 굳어 있었고, 몸은 위축되어 있었다. 이미 어디선가 한 달간 혹독한 훈련을 받고 온 자들이었다.

그들과 함께한 시간은 뜻밖이었다. 나는 훈련을 담당하는 조교가 아니었다. 생활조교였다. 식사 시간에 그들을 안내했고, 밤이면 불침번을 섰다. 처음 내무반에서 수련생들의 몸을 확인했을 때, 나는 숨을 삼켰다. 문신으로 뒤덮인 몸, 칼자국이 얽힌 피부. 범죄 조직에서 온 듯한 험악한 인상도 있었지만, 그들 사이에는 앳된 얼굴의 소년들도 있었다.

그리고 밤이 오면, 나는 그들이 잠을 이루지 못하는 것을 알았다. 몸을 긁으며 뒤척였다. 거친 숨소리 속에서 나는 그들이 모두 피부병에 걸렸음을 알았다. 옴이었다.

나는 의무대로 달려가 치료제를 받아 왔다. 그리고 매일 밤, 그들의 팔과 다리, 배, 사타구니에 세숫대야에 탄 물약을 직접 발라 주었다.

처음에는 내 손길을 경계하던 자들도, 시간이 지나자 가만히 손을 내밀었다. 어두운 내무반 한쪽에서, 나는 그들의 상처를 보듬었다. 그들도 사람이었다. 누군가의 아들이었고, 누군가의 아버지였고, 누군가의 남편이었다.

그들 중에는 문맹자가 많았다. 가족이 보낸 편지를 읽어 주었다. "어머니가 너를 기다린다"는 짧은 문장에서, 어떤 이는 눈을 감았다. 나는 그들의 마음을 대신 적어 편지를 써 주기도 했다.

그러던 어느 날, 한 소년이 내게 다가왔다. 열일곱 살. 서울이 집이라고 했다. 그의 아버지는 경찰 총경이었다. "아버지가 직접 날 보냈어요." 말끝이 흔들렸다.

며칠 후, 그의 어머니가 보낸 편지를 읽어 주었다.

"우리 아들, 얼마나 추운 곳에 있니. 얼마나 아플까. 엄마는 매일 기도 한다."

　소년은 아무 말도 하지 않았다. 돌아누운 채, 그의 어깨가 떨렸다. 그렇게 몇 달이 흘렀다. 그리고 마침내 그들은 떠났다. 일부는 집으로 돌아갔고, 나머지는 또 다른 곳으로 보내졌다.

　그 겨울, 나는 역사 속 한 페이지를 살았다. 그리고 깨달았다. 아무리 거칠고 상처 입은 사람이라도, 따뜻한 손길 앞에서는 마음을 연다는 것을. 상처는 가슴 속에 있지만, 온기는 손끝에서 전해진다는 것을.

별빛 아래, 자유의 밤

여름이었다. 일병 중고참 무렵, 어느 날 갑자기 사단 휴양소로 가라는 명령이 떨어졌다. 이유는 묻지 않았다. 가라는 대로 가는 것이 군대였으니까. 짐을 꾸려 휴양소로 향했다.

도착해 보니, 이곳은 완전히 다른 세계였다. 철조망도 없고, 얼차려도 없고, 무엇보다 계급장이 없었다. 모두가 똑같이 추리닝 차림으로 생활했다. 하루 세끼 식사는 따뜻했고, 잠자리는 푹신했다. 그리고 불침번이 없었다. 그 사실만으로도 이미 천국이었다.

숲이 깊고 계곡물은 맑았다. 낮에는 탁구를 치거나 마당의 나무 의자에 앉아 쉬었다. 바람은 시원했고, 나뭇잎은 부드러운 속삭임으로 노래했다. 같은 부대원이었지만, 계급장 없이 함께하니 모두가 한결 다정해졌다. 타 소대였던 진 후배, 소대 선임이었던 주 선배와도 금세 가까워졌다.

하지만 한 가지 아쉬운 점이 있었다. 술이 없었다. 우리 셋은 눈빛을 주고받았다. 밤이 깊자 몰래 휴양소 담을 넘었다. 심장이 뛰었다. 마치 군인이 아니라, 말썽꾸러기 소년이 된 기분이었다. 산길을 따라 내려가니 불빛이 보였다. 작은 민가였다. 조심스레 다가가 문을 두드렸다. 문이 열리고, 주름진 얼굴의 할아버지가 우리를 바라보았다.
"혹시… 술 살 수 있을까요?"

할아버지는 한참 우리를 훑어보더니 말없이 집 안으로 사라졌다. 그리고 잠시 후, 경월 소주 한 병을 들고 나왔다. 손에 쥔 병이 어찌나 반가운지, 셋이 눈을 맞추며 씩 웃었다. 얼른 돈을 건네고 발걸음을 재촉했다.

휴양소 마당에 다시 모였다. 별빛 아래, 우리는 원을 그리듯 앉았다. 주 선배가 병뚜껑을 따자, 알싸한 술 향이 밤공기 속으로 퍼졌다. 차가운 병목을 손끝에 느끼며, 한 모금씩 입에 털어 넣었다. 목구멍을 타고 흐르는 서늘한 불길. 소주는 금세 우리의 가슴을 데웠고, 말도 웃음도 한층 부드러워졌다.

"야, 너 원래 이렇게 말 많았냐?"
"그러게, 평소엔 조용한 줄 알았는데."

주 선배가 진 후배를 놀렸다. 평소 말수가 적던 주 선배는 술기운에 얼굴이 붉어지더니, 갑자기 군대 생활의 애환을 쏟아내기 시작했다. 그 모습이 어찌나 우스운지, 우리는 배를 잡고 웃었다. 평소 같았으면 상상도 못 할 순간들이었다.

그날 밤, 술 한 병은 순식간에 바닥이 났다. 하지만 취한 것은 술 때문만이 아니었다. 계급을 잊고, 군기를 잊고, 인간으로서 서로에게 스며드는 그 시간 자체가 우리를 취하게 만들었다.

다음 날 아침, 우리는 다시 추리닝을 입고 마당에 모였다. 어색한 듯 웃었다. 오늘이면 휴양소를 떠나 다시 계급장과 규율이 있는 세상으로 돌아가야 했다.

6사단 휴양소. 아직도 그대로 있을까? 다시 가면, 그날 밤의 별빛도, 계곡물도, 바람도 우리를 기억하고 있을까? 어쩌면 기억하는 건 우리뿐일지도 모른다. 하지만 가끔은, 그 밤의 추리닝 차림 그대로 남아 있고 싶다. 담을 넘던 두근거림과 별빛 아래의 웃음, 그리고 소주 한 병이 만들어 낸 자유의 순간처럼.

글쓰기, 마음의 등불을 켜다

79년 1월 16일 입대 후, 훈련소의 나날들은 모래알처럼 느릿하게 흘러갔다. 낯설고 고된 시간 속에서 나를 지탱해 준 건 다름 아닌 편지 쓰기였다. 일요일이면 친구를 따라 교회에 가서 설교 소리를 배경 삼아 펜을 들었다. 편지지 위에 마음을 쏟아내며, 나는 견디고 또 살아갔다.

한번 글을 쓰기 시작하면 멈출 수 없었다. 열 장, 스무 장을 채운 편지들은 단순한 소식이 아니었다. 그것은 내 마음의 무게를 덜어내는 고백이었고, 스스로를 위로하는 은밀한 대화였다. 검열을 위해 밀봉되지 않은 채 제출된 편지들조차 나에게는 소중했다. 그것들은 내게 희망과 생기를 불어넣어 주는 작은 등불이었으니까.

그때의 편지 쓰기가 지금까지 내 삶을 이끌어 온 힘이 되었다. 글을 쓰며 나는 상처를 보듬고, 마음속 먼지를 털어내며, 스스로를 정화한다. 마치 어둠 속에서 길을 밝히는 등불처럼, 글은 내게 위로와 치유의 역할을 해 주었다.

지금 나는 신문 기자로서 또 다른 편지를 써 나가고 있다. 글로써 세상을 비추고, 사람들의 마음에 작은 불씨를 지피고자 한다. 어쩌면 내 글 한 줄이 누군가의 고된 하루를 견디게 하고, 상처받은 마음을 감싸안을 수 있게 하기를 바란다.

얼마 전 시니어 분들을 대상으로 '쉽고 재미있는 자서전 쓰기' 강의를 시작했다. 각자의 삶 속에 숨겨진 이야기들을 꺼내어 함께 나누고 싶다. 그 이야기들은 삶의 흔적이고, 희망의 조각이며, 세상을 비추는 또 다른 빛이 될 것이다.

훈련소에서 썼던 편지가 나를 위로했던 것처럼, 글은 지금도 누군가의 마음을 쓰다듬고, 세상을 조금 더 따뜻하게 만드는 등불이 될 수 있다. 나는 글로써 그런 등불을 켜는 작은 밀알이 되고자 한다.

철원의 별들, 다시 빛나다

　1979년 1월 16일 입대 후 3월, 이십대 초반의 나이에 나는 낯선 강원도 철원 땅에 발을 디뎠다. 깊은 산세와 차가운 바람이 낯설었지만, 곧 내 몸과 마음을 휘감은 것은 그보다 강렬한 청춘의 열기였다. 34개월. 삶에서 가장 치열했던 시간들이 그곳에서 흘렀다.

　철원의 낮은 늘 치열했다. 눈부시게 뜨거운 여름날, 산과 들을 누비며 흘린 땀은 마르지 않았다. 겨울에는 매서운 눈보라 속에서도 이마에선 김이 났다. 모두가 하나의 목표를 향해 달리고 있었다. 함께한 전우들은 가족이었다. 때로는 침묵으로, 때로는 짧은 농담으로 서로를 다독이며 지냈다.

　밤이 되면 철원의 하늘은 별들로 가득했다. 깊고 고요한 밤하늘 아래, 우리는 서로를 의지하며 별빛 속에서 이야기를 나누었다. 서로의 이름을 부르며 함께 꿈을 꾸던 시간들. 철원은 생소한 이름의 땅이었지만, 우리는 그곳을 청춘의 일부로 새겼다.

　그리고 1981년 10월 22일. 나는 병장 계급장을 달고 제대했다. 몸은 철원을 떠났지만, 마음의 일부는 그곳에 남겨 두었다. 그곳에서 함께 웃고 울었던 동료들, 우리가 함께 걸었던 시간은 삶의 중심에서 점점 더 희미해져 갔다.

그로부터 43년이 지났다. 삶의 여러 굴곡을 지나 은퇴 후의 여유로운 날들 속에서, 나는 우연히 예호 후배님과 상락 후배님의 소식을 들었다. 그들은 과거의 전우들을 하나씩 수소문해 카톡방을 만들고 있었다. 잊힌 이름들이 하나둘 빛을 되찾는 듯했다.

"혹시 기억하십니까?" 낯설고도 익숙한 이름들이 화면에 떠오르며, 마음 한구석에 묻어 두었던 추억의 뚜껑이 열렸다. 철원의 들판을 누비던 얼굴들, 힘든 훈련 속에서도 서로를 격려하던 목소리들, 때론 장난처럼 날아왔던 흙덩이까지도 모두 생생하게 떠올랐다.

지금 우리는 열다섯 명 모인 카톡방에서 서로의 삶을 나눈다. 한 사람 한 사람, 철원의 별들이 다시 빛을 낸다. 주름진 얼굴과 은빛 머리칼 속에서도, 우리는 여전히 20대의 청춘으로 서로를 기억한다.

사람은 추억을 먹고 산다고 하지 않던가. 철원의 강과 들, 산이 그립고, 함께했던 그날들이 따뜻하다. 우리는 다시 만날 날을 손꼽아 기다린다. 43년의 세월이 지났어도, 우리의 별빛은 여전히 꺼지지 않았다.

8부

전우들에게 보내는 편지, 전우들에게 보내는 추억들

鐵原, 鐵의 三角地에서

김낙곤

38선과 군사분계선의 恨을 품은 철원에서 우리는 만났습니다. 20대의 피 끓는 청춘들입니다. 전국에서 온 청년들로 내무반은 늘 열기로 가득했습니다.

생활전선에서, 학교에서, 본업을 잠시 제쳐 두고 조국의 부름을 받고 모여든 청춘들입니다. 정든 고향, 그리운 친구들, 걱정하시는 부모님을 떠나온 그 심정들. 입영열차 차창 밖에서 눈물짓던 그녀를 생각하면 가슴은 저리고, 거꾸로 될까 봐 고무신 생각에 불안한 마음을 지울 수가 없습니다. 가슴에는 항상 묵직한 무언가가 짓누르고 있습니다.

대구에서 결혼하고 와이프와 함께 철원으로 온 동기의 와이프는 한 달간 영내대기 기간에 혼자 눈물로 밤을 샌다고 했습니다. 낯선 땅에서 밤이면 북한의 대남 방송이 더욱더 크게 들리고 그래서 그 밤은 더욱 불안하기만 했을 겁니다.

그러나 우리는 푸른 제복으로 차츰 하나가 되어 갔습니다. 흙먼지 뒤집어쓰며 흘린 땀으로 내무반은 항상 시큼한 땀냄새와 특유의 사내들 냄새로 가득했습니다. 비좁은 침상 위 매트리스에서 부동자세로 취침하며 모두가 닮아 갔습니다. 대한민국의 군인으로, 고향의 기억도, 부모님의 얼굴도, 친구들의 노래도 차츰 희미해져 가면서 차츰 전우애, 동료애라는 것이 생겼습니다.

힘들고 어려운 일은 내가 먼저 하겠다고, 다른 부대와의 경쟁에서 져서는 안 된다고, 이를 악물고 똘똘 뭉쳐 승리를 쌓아 갔습니다.

그래서 그때부터 우리는 하나가 될 필연으로 고향을 떠난 것인지도 모릅니다. 울고, 웃고, 맞고, 터지고, 뛰고, 넘어지면서 그 좁은 공간에서 우리는 매일매일을 반복하면서 그렇게 군인이 되어 갔습니다.

철원 땅 구석구석 우리의 함성이 미치지 않은 곳이 없습니다. 지포리와 삼부연 폭포, 고석정과 직탕 폭포, 학 저수지와 도피안사, 백마고지와 노동당사, 포연과 굉음 가득한 승진훈련장…

철원의 겨울은 왜 그리도 춥고, 대침투작전을 하던 그 밤은 왜 그리도 길던지. 이제는 모두 추억 속에서 그리움으로 남아 있습니다.

어느 해 연말. 소대원들이 한 푼 두 푼 모은 돈으로 전축 한 대를 사서 귀대하던 발걸음은 왜 그리도 가볍던지. 주구장창 틀어 댔던 캐롤송은 왜 그리도 경쾌하던지.

각 중대에 1대씩 내려온 컬러TV를 가져오려고 실시한 소대 대항 체육대회는 실전보다 격렬했고 결과는 당연히 2소대의 것으로 확정되었고.

마침내 전축과 TV가 제자리를 찾은 듯 관물대 상단에 떡하니 자리하고 있는 모습은 입영 당시 가슴속을 짓누르는 무언가를 날려 버리기에 충분했습니다.

소대원 여러분!

"그때 그 기분 아직도 기억하시나요? 저는 아직도 그때 그 장면이 생생합니다."

혹한기 훈련 가면서 12중대 강아지를 몰래 끌고 가서는… 훈련 후 새벽에 싸늘하게 식은 국물에 젖어 있는 강아지 뒷다리 한 개가 제 앞에 놓였으니. 그렇게 하여 제 인생에서 보신탕과의 인연이 시작되었는데… 이제는 보신탕을 먹기만 해도 범죄자가 될 처지가 되고 보니 아마도 12중대원의 원성이 국회를 움직였나 봅니다. 강아지의 영혼과 12중대원의 분노에 어떻게 사죄를 해야 할지…

세월은 흘러 흘러 이제 40년을 훌쩍 넘은 세월의 강을 건너 철원의 사나이들이 초로의 노인이 되어 다시 한마음으로 만났습니다.

흩어진 전우를 찾아 전국을 헤맨 송예호님, 단톡방에서 그때의 추억을 매일매일 되살려 주신 문병우님, 후배들의 전우 찾기를 후원해 주신 최삼서님, 염병술님, 임효상님, 윤광선님…

첫 모임부터 많은 일을 기획하며 준비한 지상락님. 감사합니다. 그 외 많은 2소대원 여러분의 참여와 호응이 금년 6월 21일 철원으로 예비역 2소대원에 대한 소집명령으로 이어졌습니다.

이제는 각자가 가정의 가장으로서, 예쁜 손자 손녀를 둔 할아버지로서, 사회의 존경을 받는 선배로서 활동하고 계신 분들입니다.

「성공이란」

자주 그리고 많이 웃는 것
현명한 이에게 존경을 받고
아이들에게서 사랑을 받는 것
정직한 비평가의 찬사를 듣고
친구의 배반을 참아 내는 것
아름다움을 식별할 줄 알며
다른 사람에게서 최선의 것을 발견하는 것
건강한 아이를 낳든
한 뙈기의 정원을 가꾸든
사회의 환경을 개선하든
자기가 태어나기 전보다 세상을 조금이라도

살기 좋은 곳으로 만들어 놓고 떠나는 것
자신이 한때 이곳에 살았음으로 인해
단 한 사람의 인생이라도 행복해지는 것
이것이 진정한 성공이다.

제가 좋아하는 랄프 왈도 에머슨의 詩입니다. 우리는 이와 같이 열심히 살았으므로 모두가 成功人입니다.

아무튼 아픈 기억, 좋은 추억 함께한 철원으로 다시 모입니다. 고석정의 절경은 그때도 아름다울 것이며, 도피안사는 여전히 고즈넉할 것입니다.

다시 만날 때까지 건강하시고 하시는 일마다 즐거움 느끼시길 빌면서 제 넋두리를 이만 줄이겠습니다.

전우여, 다시 만나는 그날까지

백광현

1978년 1월 4일, 조치원 훈련소에서 6주간의 교육을 마치고, 6사단 교육대에서 4주간의 훈련을 거쳐 19연대 3대대 11중대 2소대로 배치되었다. 소대에 도착해 보니, 내 위로 한 달에서 다섯 달 차이 나는 고참들이 여럿 있었다. 흔히 고참과의 간격이 클수록 말년이 편하다고 했는데, 내 상황을 보니 기대하기 어려웠다. 그런데 3개월 후, 뜻밖의 행운이 찾아왔다.

당시 우리 부대는 3각 편대였는데, 갑자기 4각 편대로 개편되면서 내 위의 화기 주특기 병사들이 다른 부대로 전출을 갔다. 덕분에 내 바로 위 고참과의 간격이 8개월로 벌어졌고, 나는 비교적 여유로운 밀닌병장 생활을 누릴 수 있었다.

우리 2소대는 내무 생활보다 파견 생활이 많았다. 4개월 차부터 첫 파견이 시작되었다. 채석장 돌산에서 텐트를 치고 견치석 작업을 했다. 견치석은 전방 단애 공사에 쓰이는 돌을 만드는 작업이었다. 거대한 바위를 폭파해 작은 조각으로 나누는 일이라 힘들었지만, 이곳은 보병들에게는 천국 같은 곳이었다. 점호도 훈련도 없었고, 비가 오면 선임하사가 동송리에서 빌려 온 무협지를 읽거나, 잠을 자거나, 편지를 쓰며 시간을 보냈다. 주변에는 감자, 호박, 옥수수 같은 먹거리도 많았고, 폭파 작업 중 튀어 오른 물고기로 끓여 먹던 매운탕 맛은 지금도 잊히지 않는다.

채석장 작업을 마친 후에는 월정리 단애 작업을 나갔다. 부서진 기찻길 근처에 텐트를 치고 공사를 했는데, '철마는 달리고 싶다'라는 문구가 새겨진 그곳에서의 시간도 기억에 남는다. 기찻길을 바라보며, 언제쯤 나도 이곳을 떠나게 될까 생각하던 순간이 생생하다.

세 번째 파견은 6검문소 근무였다. 검문소 생활은 군 복무 중 가장 편하고 좋았다고 할 수 있다. 버스 승탑 근무, 저수지 순찰, 영농민 감시, 상황실 면회객 접수 등 다양한 임무가 있었다. 나는 검문소에서 우리 소대의 살림을 도맡아 전령 역할을 했다. 아침마다 버스를 타고 중대 본부에 가서 중대장의 조회에 참석하고, 소대장에게 전달할 지시 사항을 받아 돌아왔다. 검문소에서는 내 위로 박○○, 김○○ 두 고참만 있었는데, 그들은 졸병들을 꽤 괴롭혔다.

하루는 검문소 짬밥통에 영농민 개 한 마리가 뛰어들었다. 우리는 그 개를 7검문소로 데려가 밤새 식용유 깡통에 넣고 싸리나무 장작을 피워 끓였다. 당시 개고기를 처음 먹어 봤는데, 군대에서 배운 또 하나의 경험이었다. 어색하면서도 묘한 맛이었고, 고참들의 반응을 보며 웃음 짓던 기억이 난다.

네 번째 파견은 항공대 경비 근무였다. 말년이라 한층 여유로웠고, 추억록을 만들거나 거북선을 만드는 등 다양한 활동을 하며 시간을 보냈다. 같은 입대 동기인 2소대 내무반장 심정봉과 함께 마지막 군 생활을 즐겼고, 1980년 9월 24일, 나는 드디어 전역했다.

이제 칠순을 바라보는 나이에, 20대의 생사고락을 함께했던 전우들을 다시 만날 생각을 하니 가슴이 벅차다. 그때의 청춘은 거친 훈련과 뜨거운 우정 속에서 피어났고, 지금도 우리의 가슴 속에 선명하게 남아 있다. 이번 모임을 주선하느라 애쓴 후배들에게 진심으로 감사 인사를 전하고 싶다.

입영 열차는 청춘을 싣고

염병술

1978년 2월 11일 아침, 나는 거창에서 진주행 버스를 탔다. 겨울 하늘은 잿빛이었고, 마음속은 알 수 없는 불안과 긴장으로 잔뜩 구름이 끼어 있었다. 버스 창밖으로 스쳐 지나가는 풍경은 평소처럼 익숙했지만, 그날만큼은 모든 것이 낯설게 느껴졌다.

진주터미널에 도착하자, 터미널은 이미 입대를 앞둔 청년들로 가득했다. 빡빡머리를 한 이들이 삼삼오오 짐을 들고 서성이고 있었고, 각자의 얼굴엔 긴장과 불안이 고스란히 묻어 있었다. 나도 그들 틈에 섞여 있었다.

문제는 그날 밤이었다. 진주시내 여관들은 이미 방이 다 찼고, 갈 곳을 찾지 못한 수많은 입영자들이 거리로 쏟아져 나왔다. 몸은 피곤했지만, 눈은 말똥말똥했다. 바닥에 가방을 베고 앉은 채 겨우 시간을 때웠다.

다음 날 아침, 진주중학교 운동장에 1,750명의 청년들이 모였다. 사람으로 꽉 찬 운동장은 장관이었고, 군인 인솔자들은 고함과 구령으로 분위기를 단단히 조였다. 누군가는 입을 꾹 다물고 있었고, 누군가는 벌써부터 눈가가 붉어져 있었다.

그날 밤, 진주역으로 향했다. 인솔자의 구령에 따라 줄을 맞춰 걸었다. 기차에 오르자마자 본격적인 군기 잡기가 시작되었다. 소리 없이 울리는 위압감, 누가 먼저 실수할까 두려워하는 숨죽임 속에서 열차는 어둠을 뚫고 달렸다.

새벽 3시경, 논산 연무대에 도착했다. 방 배정을 받았지만, 낯선 공간에 긴장된 마음은 좀처럼 풀리지 않았다. '기상나팔', '점호' 같은 말들은 처음 듣는 말들이었고, 그 뜻을 몰라 주위를 살피며 눈치껏 따라야 했다.

나는 제23연대로 배정되었다. "논산 훈련소 중에선 제일 괜찮은 데야"라는 말을 듣고 잠시 마음을 놓았지만, 자대 배치 결과는 강원도 철원이었다. 6사단 19연대 11중대 2소대. 낯선 땅, 낯선 사람들과의 생활이 시작되었다.

세월은 앞만 보고 달려갔다. 제대 후의 삶은 군복을 벗는 순간부터 달라졌고, 전우들의 얼굴은 사진처럼 내 기억 속에만 남았다. 가끔 무심코 지나치던 풍경 속에서, 뜬금없이 그 시절이 떠올랐다. 그리움은 말없이 깊어졌다.

용기를 내어 오래된 수첩을 꺼내 들었다. 지워진 이름들, 바랜 숫자들. 하지만 마음은 그때로 돌아갔다. 백광현 선배, 이차술, 윤광선, 최삼서… 어렴풋한 기억을 더듬으며 연락을 시도했다. 그리고 하나둘, 응답이 왔다.

언젠가부터 우리는 카카오톡 단체방에서 다시 만났다. 처음엔 어색했지만, 이내 서로를 알아보았다. 누구랄 것도 없이 유쾌한 군대 이야기가 터졌고, "한번 얼굴 보자"는 말이 자연스럽게 흘러나왔다.

3월 14일, 경기도 양평에서 드디어 마주했다. 40여 년이 흐른 뒤의 재회. 머리는 희끗희끗, 허리도 좀 굽었지만, 눈빛은 예전 그대로였다. 이름을 불러 주고, 어깨를 두드리며 웃는 그 순간, 멈춰 있던 시간이 다시 흐르기 시작했다.

밤늦도록 이어진 이야기 속엔 유격 훈련, 보초 서던 밤, 첫 PX 나들이 같은 소소한 추억이 줄줄이 흘러나왔다. 돌을 나르던 채석장, 동계 훈련의 매서운 바람도 다시 살아났다. 그때는 힘들었지만, 지금 돌아보면 삶의 자양분이 되었다.

이제 나는 고향에 돌아와 흙을 일구고 있다. 하늘을 바라보며 하루를 시작하고, 해가 기울 무렵 전우들과의 단체방에서 짧은 안부를 나눈다. 삶은 조용하지만, 마음속엔 여전히 그날의 함성과 웃음이 살아 있다.

그 시절은 끝난 게 아니라, 내 안에 녹아 있다.
그 사람들은 지나간 인연이 아니라, 지금도 함께 걷는 동반자다.

우리는 다시 만났고, 앞으로도 자주 만날 것이다.
기차는 떠났지만, 청춘은 아직 내 마음속에서 달리고 있다.

퇴직 후 텃밭에서 피어난 우정과
전우들의 이야기

염병술

퇴직 후 고향인 거창으로 내려와 새로운 삶을 시작했다. 오랜 공직 생활을 마무리하고 아내와 함께 작은 텃밭을 가꾸며 소소한 일상의 행복을 찾아 가고 있다. 처음에는 도시 생활에 익숙해진 몸과 마음이 농사일에 서툴렀지만, 시간이 지나면서 흙을 만지는 즐거움을 알게 되었다. 계절이 바뀔 때마다 땅이 내어 주는 선물을 받으며 자연의 섭리를 몸소 느끼고 있다.

우리의 텃밭에는 고추, 가지, 호박, 오이, 상추 등 다양한 작물이 자라고 있다. 봄이면 씨를 뿌리고 여름에는 푸른 잎이 무성해지고 가을이면 풍성한 결실을 맺는다. 무엇보다 기쁨을 주는 순간은 이웃들과 함께 나눌 때다. 수확한 채소를 나누면 이웃들도 기뻐하고, 우리는 더 큰 보람을 느낀다. 이웃들은 "올해 고추가 참 튼실하네요.", "이 상추는 정말 싱싱해요." 하며 반갑게 맞아 준다. 처음에는 단순한 인사였던 말들이 오고 가면서 이제는 서로의 안부를 묻고, 함께 농사 경험을 나누는 가까운 사이가 되었다.

우리에게는 두 딸이 있다. 큰딸은 창원에서 초등학교 교사로 재직 중이고, 작은딸은 거창에서 직장 생활을 하고 있다. 두 딸 모두 결혼하여 각자의 가정을 꾸렸다. 예전에는 아이들을 키우느라 정신없이 바빴는데, 이제는 딸들이 제 몫을 다하며 살아가는 모습을 보며 큰 기쁨과 자랑을 느낀다. 손주들도 커 가는 모습을 보면 흐뭇하다. 명절이나 주말이면 가족들이 모여 텃밭에서 직접 따 온 채소로 밥상을 차리고, 함께 시간을 보내는 것이 무엇보다 행복하다.

십수 년 전부터 전우들을 찾기 시작했다. 군대 시절을 함께 보낸 전우들이 보고 싶어 추억록을 뒤적이며 주소를 찾아 편지를 보냈다. 114를 통해 전화번호를 확인하고 연락을 시도하기도 했다. 그렇게 해서 백광현 선배, 이차술, 윤광선, 최삼서 등 몇몇 전우들과 연락이 닿았다. 대전에서 만남을 가진 적도 있었지만, 서로 바쁜 생활 속에서 다시 만나기가 쉽지 않았다.

그러던 중 올해 초, 15명의 전우들이 카카오톡 단체방에 모이게 되었다. 오랜만에 소식을 주고받으며 예전 이야기를 나누다 보니 다시 한번 얼굴을 보고 싶다는 생각이 들었다. 결국 3월 14일, 경기도 양평에서 40여 년 만에 그리운 전우들과 만남을 가졌다.

만남의 순간, 서로를 알아볼 수 있을까 걱정도 되었지만, 얼굴을 마주하는 순간 젊은 시절의 모습이 겹쳐 보였다. 머리칼이 희끗희끗해지고 얼굴엔 주름이 늘었지만, 눈빛만큼은 그때 그대로였다. "야, 네가 그때 그 녀석 맞냐?" 하며 반갑게 어깨를 두드리는데 가슴이 뭉클했다. 군대에서 함께 땀 흘리며 훈련받고, 힘든 시절을 견뎌 온 사이였기에 그 정은 더욱 깊었다.

전우들과 함께한 시간은 마치 어제 일처럼 생생했다. 밤늦도록 군대 시절의 이야기꽃을 피우며 웃고 떠들었다. 훈련소에서 처음 만났던 날, 유격 훈련 때 겪었던 일들, 야간 보초를 서며 나눴던 대화들까지. 누군가는 그 시절이 가장 힘든 시간이었지만, 돌이켜 보면 가장 뜨거운 청춘의 순간이었다고 했다.

이제는 서로 각자의 삶을 살아가고 있지만, 앞으로는 더 자주 만나기로 했다. 함께했던 시간이 있었기에 지금도 이어질 수 있는 소중한 인연이다.

거창은 자연의 아름다움이 가득한 곳이다. 수승대는 절경을 자랑하는 명승지로, 여름이면 야외 수영장이 운영되어 가족 단위 방문객들이 많이 찾는다. 특히 거창창포원은 100만 본 이상의 꽃창포가 군락을 이루고 있는 거대한 수변생태공원이다. 사계절 내내 다양한 꽃과 식물을 감상할 수 있어 마음을 정화시키기에 좋다. 이러한 자연 속에서 전우들과의 만남은 더욱 뜻깊었다.

퇴직 후 고향으로 내려와 텃밭을 가꾸고, 전우들과 다시 만나며 삶의 소중함을 더욱 깊이 깨닫는다. 나눔과 우정은 단순한 감정이 아니라, 우리의 삶을 더욱 풍요롭게 만들어 주는 귀중한 보물임을 느낀다. 앞으로도 이러한 인연들을 소중히 여기며, 자연과 함께하는 생활을 즐기고 싶다.

청춘의 군번, 추억이 되다

이차술

산청군 단성면 강누리에서 살던 청년이 1978년 2월 11일, 논산훈련소의 신병이 되었다. 칼바람이 뺨을 때리는 훈련소 연병장에서 처음 총을 쥐었을 때, 군인이 된다는 것이 어떤 의미인지 실감했다. 살을 에는 추위 속에서도 구호를 외치며 뛰고 또 뛰었다. 훈련소의 시간은 유난히 길고 고되었지만, 사람은 환경에 적응하는 법. 어느새 내무반 생활에 익숙해졌고, 동기들과 함께하는 순간들이 작은 위안이 되었다.

군 생활 중 가장 기억에 남는 시간은 6검문소에서 보낸 1년이다. 최전방에서는 민간인을 구경하기 어려웠지만, 6검은 민통선 검문소였기에 매일 다양한 사람들을 만날 수 있었다. 들고 나는 차량을 검문하고 신분증을 확인하며, 바깥세상과 맞닿아 있는 듯한 기분을 느꼈다. 가끔 지나가는 사람들이 건네는 따뜻한 음료 한 잔, 군복 위로 전해지는 훈훈한 말 한마디가 얼어붙은 몸과 마음을 녹여 주었다. 그렇게 작은 것들이 큰 위로가 되는 곳이 6검문소였다.

그리고 군 생활에서 빼놓을 수 없는 인연, 염병술. 염 동기와 나는 참 많이 닮았다. 이름에도 '술' 자가 들어가 있어 형제처럼 보였고, 논산훈련소 동기로 군번도 0000938과 0000939, 한 끗 차이였다. 게다가 그는 거창 출신, 나는 산청 출신. 같은 경상도 사투리를 쓰며 고향 이야기를 나누다 보니 금세 마음이 통했다. 같은 소대에서 생활하며 힘든 훈련도 함께 견뎠다. 눈보라 속에서 함께 방벽을 쌓고, 땀범벅이 되어 벙커를 팠다. 배고픈 야간 근무 때 남몰래 나눠 먹던 건빵 한 조각의 맛을, 서로 어깨를 두드리며 버텼던 그 순간을 지금도 잊을 수 없다.

힘들었던 기억도 많다. 채석장에서 돌을 나르고, 방벽을 쌓으며 팔과 다리가 후들거렸던 날들. 경계 근무에만 집중했던 항공대 파견 근무, 숨이 턱까지 차오르던 유격 훈련과 ATT, RCT 훈련. 그때는 몸도 마음도 고됐지만, 지나고 보니 모두 값진 경험이었다. 돈을 주고도 하지 못할 소중한 순간들이었고, 청춘의 한 페이지를 장식하는 아름다운 추억이 되었다.

제대를 하고 다시 사회로 나왔다. 진주에서 직장생활을 시작했고, 결혼해 1남 1녀를 두었다. 세월은 흘러 자녀들은 가정을 이루었고, 사천과 고양에서 각자의 삶을 살아가고 있다. 이제는 두 손자의 할아버지가 되어, 조용한 은퇴 생활을 즐기고 있다.

하지만 어느 날 문득, 군대 시절을 떠올리면 그리운 얼굴들이 스쳐 지나간다. 훈련소에서 서로 어설프게 경례를 주고받던 순간, 밤하늘을 올려다보며 막사에서 조용히 속삭이던 이야기들, 혹한기 훈련이 끝난 뒤 서로의 등을 토닥이던 그 따뜻한 손길들. 이제는 모두 추억이지만, 여전히 내 안에서 살아 숨 쉬고 있다. 인생은 흘러가지만, 그 시절의 뜨겁고 순수했던 순간들은 언제까지나 내 마음속 한구석에 자리하고 있다. 그리고 나는 오늘도, 그 소중한 기억들을 꺼내어 조용히 미소 짓는다.

흙에서 피어난 인연, 시간 위를 달리다

윤광선

1978년 2월 21일. 논에서 흙 묻은 손으로 호미를 들던 내가 군복을 입고 입대한 날이다. 평생을 밭과 논을 지켜 온 집안에서 태어난 나는, 고된 농사일이 몸에 익어 있었지만, 막상 군인이 되어 훈련소로 향하던 길은 낯설고 쓸쓸했다. 삽 대신 총을 들고, 고무신 대신 군화를 신은 나는 어쩌면 농부의 삶과는 전혀 다른 세상에 들어선 것 같았다. 하지만 세상은 참 묘하게도, 익숙함을 잃은 자리에 또 다른 정을 심어 주곤 했다. 군 생활 중에서도 특히 기억에 남는 순간이 있다. 바로 6검문소에서의 선탑 근무였다.

검문소에서 버스를 타고 민간인들을 검문하던 그 시간은 단순한 임무 이상의 의미가 있었다. 버스 문이 열리고, 하나 둘 오르내리는 사람들 사이로 흙냄새 배인 작업복을 입은 농민들을 볼 때면, 나도 모르게 가슴 한편이 따뜻해졌다. 고된 삶을 묵묵히 견디는 그들의 얼굴에서 나의 아버지, 형제, 이웃이 떠올랐다. 말 한마디 주고받지 않아도, 짧은 눈빛 속에서 우리는 서로의 삶을 알아보았다. 설렘이었다. 그 설렘은 낯선 군 생활 속에서도 나를 견디게 하는 힘이 되었다. 비록 짧은 만남이었지만, 그 순간의 교감은 오래도록 내 안에 남아 있다.

제대 후, 나는 자주 보고 싶어 하던 사람들이 있었다. 백광현 선배와 송예호. 함께 시간을 보냈던 따뜻한 인연이었지만, 각자의 삶이 바빠 연락이 끊긴 채 세월이 흘렀다. 그러다 2025년 3월 14일, 뜻밖의 만남이 찾아왔다. 오랜만에 마주한 얼굴, 주름진 이마 너머로 그대로인 눈빛을 보자마자 가슴이 뭉클해졌다. 말이 필요 없었다. 웃으며 손을 맞잡는 순간, 나는 정말 천하를 얻은 것 같은 기분이었다. 사람이 남는다는 말이 뼛속 깊이 와닿던 순간이었다. 그날 이후, 그들과 함께했던 젊은 시절의 추억이 더없이 소중하게 다가왔다.

전역은 1980년 11월 21일이었다. 군복을 벗고 다시 민간인의 삶으로 돌아온 나는 전문건설업에 발을 들였다. 양평군 배수설비 전문지정업체를 운영하며, 도시의 물길을 정비하고, 땅속을 누비며 일하는 삶은 익숙하지 않았지만 또 하나의 도전이자 책임이었다. 청춘의 열정을 쏟아부었던 시간들이었고, 그 덕에 많은 경험과 사람을 얻었다. 그러나 결국 나는 다시 고향의 흙으로 돌아왔다. 지금은 농사꾼이다. 다시 땅을 일구고 물꼬를 트며 계절을 따라 사는 지금이 내겐 가장 편안하고 자연스러운 삶이다. 논의 고요한 물결 속에서 나는 매일같이 평화를 느낀다.

양평은 내 뿌리다. 이곳에서 태어나 지금껏 살아왔고, 내 선친께서도 이 땅에서 광복회 활동을 하시며 조국을 위한 뜻을 지켜 오셨다. 그런 아버지의 뒤를 따라, 나는 지금 양평지역 광복회장을 맡고 있다. 어느덧 8년이 넘었다. 조직을 만들어 활동을 시작한 이래, 어려운 분들을 도울 때마다 느끼는 기쁨은 말로 다 표현할 수 없다. 사무실도 자비로 운영해 오며, 다양한 사람들과 만나고 이야기를 나누며, 서로의 삶을 위로하고 격려해 왔다. 누구보다도 고향을 사랑하고, 이웃을 위하는 마음이 나를 이 자리까지 이끌었다고 생각한다.

지금도 가끔은 군 시절, 그 버스 안에서의 순간들을 떠올린다. 농사꾼으로서 느꼈던 설렘, 사람에 대한 애착, 그리고 다시 만난 전우들에 대한 그리움. 그 모든 기억은 내 인생의 한 장면이자, 지금의 나를 만든 소중한 조각들이다. 나이는 들었지만, 마음만은 여전히 그 시절처럼 사람을 그리워하고, 만남을 소중히 여긴다. 오늘도 나는 땅을 일구며, 내 앞에 다가올 또 다른 인연을 기다린다. 먼지 날리던 버스 안의 따뜻한 눈빛처럼, 삶은 여전히 아름다운 만남의 연속이다.

동지의 불꽃, 추억의 길목에서

최삼서

어느새 오래된 기억 속, 찬바람이 불던 78년 2월 21일의 전주 35사단 훈련소 문턱에 선 내 모습이 떠오른다. 6주간의 혹독한 훈련을 견디고 11중대 2소대에 배정되었을 때, 같은 날 입대한 조치원 32사 군번, 윤광선, 김성진, 권봉기와의 어색한 첫 만남은 곧 서로의 인내와 웃음 속에서 단단한 우정으로 피어났다. 처음엔 누구 하나 실수하면 모두가 기합을 받던 그 시절, 원산폭격부터 목봉, 완전군장까지 다양한 기합의 추억은 우리를 서로에게 의지하게 만든 소중한 인연이었다. 검문소에서 권봉기가 경운기를 몰고, 그 경운기에 전우들이 뒤따라 부식과 막걸리를 나르며 웃음을 잃지 않던 장면은 지금도 눈앞에 선하다.

우리가 함께한 순간들은 단순한 군 생활을 넘어 인생의 중요한 터닝 포인트가 되어 주었다. 화목하러 간 날, 눈부신 햇살 아래 얼음판에서 나무를 잘라 축구를 즐기며, 산토끼를 잡아먹던 그날의 자유롭고 순수한 기쁨은 세월이 지나도 잊히지 않는다. 힘들고 고된 일상 속에서도 서로를 격려하고 함께 웃으며 보내던 시간들은, 이제 각자의 자리에서 살아가는 우리들에게 따뜻한 기억과 위로가 되어 준다.

전역 후 통신공사 기술을 배워 한 회사에서 성실히 일해 온 나의 삶 속에도, 군 시절 함께한 동기들과 전우들이 남긴 흔적은 여전히 빛나고 있다. 심정봉 분대장을 비롯해, 그때 함께 웃고 울었던 모든 이들의 모습은 가끔씩 문득 찾아오는 외로움 속에서 큰 힘이 되어 준다. 매서운 바람을 맞으며, 혹은 고된 하루를 보내던 순간에도 그 시절의 단합과 우정은 언제나 마음 한편을 따스하게 감싸 주었다.

또한, 서로 다른 성격과 배경을 가진 우리가 한데 어우러져 만들어 낸 이야기는 지금의 나를 단단하게 만들어 준 밑거름이다. 무더운 여름날의 땀방울, 쓸쓸한 겨울밤의 뜨거운 호흡, 그리고 때로는 웃음과 눈물로 엮어 낸 대화들은 그리움으로 물들어 지금도 생생하다. 우리는 서로에게 때로는 형제, 때로는 친구, 그리고 가장 든든한 동지였음을 깨닫는다. 그때의 소박한 정은 지금의 삶에서도 매 순간 스며들어, 인생의 역경을 함께 극복할 수 있는 힘이 되어 준다.

시간이 흘러 각자의 길을 걷게 되었지만, 그 때의 뜨거운 정과 순수한 우정은 잊히지 않는 보석처럼 반짝인다. 오래된 부대 복도에서 남긴 발자국과, 밤하늘에 비친 별빛 아래서 나누었던 다짐들은 오늘의 내가 되도록 이끌어 준 지도와 같다. 가족과 함께 보내는 따스한 일상 속에서도, 전우들과 함께 땀 흘리며 쌓은 추억은 늘 내 마음 깊은 곳에 자리 잡고 있다. 언젠가 다시 만날 그날을 위해, 우리는 오늘도 서로를 기억하며 따뜻한 미소로 하루를 마무리한다.

꽃다발 빵에 담긴 추억

임효상

45년 전, 함께 군 생활을 했던 전우가 너무도 그립다. 긴 세월이 흘렀지만, 여전히 그 시절을 떠올리며 그를 생각한다.

젊음이 뜨겁게 타오르던 군대 시절. 강원도 철원의 추위와 혹독한 환경 속에서 보낸 3년이었다. 특히 1980년 4월, 나는 일병으로서 중동부 전선 GOP 지역에서 벙커를 설치하는 임무를 맡았다. 당시에는 민간 건설업자의 출입이 금지되어 모든 공사를 군이 직접 수행해야 했다.

우리 소대는 최전방 철책 앞에서 매일같이 시멘트, 자갈, 모래를 나르며 벙커 작업에 매달렸다. 배고픔과 추위를 견디며 버티던 어느 날, 모래 한 통을 고지에 져다 놓고 다시 모래를 지러 내려오다가 동기이자 소대원인 김재은을 만났다.

"잠깐만."

그가 샛길로 가더니 야전잠바 속에서 빵 봉지를 꺼냈다. 짐통의 노끈에 눌려 부스러진 '꽃다발 빵' 하나. 80원짜리 빵 한 개를 나눠 먹자며 내밀었다.

　재은이도 배가 고팠을 텐데, 나와 나누려 했다. 우리는 가루가 된 빵을 앞에 두고 아무 말 없이 서로의 손을 잡고 한없이 울었다. 힘든 군 생활 속에서도 서로를 위하는 마음이 너무도 고맙고, 또 가슴 아팠다.

　그렇게 생사고락을 함께한 전우이자 동기였지만, 전역 후 각자 삶에 바빠 소식을 놓쳐 버렸다. 언젠가는 다시 만나겠지, 하며 앞만 보고 달려온 세월이 어느덧 40년. 이제야 재은이를 찾아보았지만, 그의 소식을 알 길이 없다.

　보고 싶다, 재은아.
　네가 어디에 있든, 잘 지내고 있기를 바란다.
　꼭 다시 만날 날을 기약하며.

전우들이여,
다시 만난 우리가 반갑습니다

지상락

6사단 신병교육대에서 8주간의 훈련을 마치고, 60트럭에 짐짝처럼 실려 도착한 양지리 19연대 11중대. 그날 밤, 민통선 안의 삭막한 공기가 온몸을 감쌌습니다.

첫날 밤, 제대로 잠도 이루지 못한 채 2소대로 배정되었고, 백광현 선배의 안내로 6검문소에 가던 기억이 선명합니다. 그 순간부터 시작된 막내 병 생활은 긴장의 연속이었고, 삼송리로 이동하며 처음 해 본 행군은 왜 그렇게 힘들었던지요. 나중엔 산책하듯 걸을 정도가 되었지만, 그땐 참 고되게만 느껴졌습니다.

군 생활의 70%를 보낸 삼송리에서 우리는 함께 훈련하고, 작업에 투입되며, 힘든 나날을 견뎠습니다. 대대 ATT, 연대 RCT, 끝없는 진지 구축과 작업 파견. 그중에서도 항공대 파견 생활은 잊을 수 없는 시간이었습니다. 위병소 옆 과수원의 사과는 우리에게 작은 위로였지만, 항공대 기간병들과의 마찰로 소대원 전체가 불려 가고 검문을 당하는 굴욕도 겪었죠.

시간이 흘러, 부대가 화지리로 이동하고 통신선 작업이 한창일 때, 저는 왕고참으로 부대에 남아 텅 빈 막사를 지키며 무료한 말년을 보냈습니다. 그리고 마지막 작별을 위해 민통선 작업 현장을 찾아갔습니다. 고생하는 소대원들과 눈물로 인사를 나누며, 그렇게 군 생활을 마무리했습니다.

그때는 하루하루 제대만을 기다리며 힘겹게 버텼는데, 45년이 흐른 지금 돌아보니 그 시절이 애증 어린 그리움으로 남았습니다. 함께 울고 웃었던 전우들—권순창, 송예호, 임효상, 문병우, 윤광선, 최삼서, 염병술, 이차술, 백광현, 백명열, 권오선, 김낙곤—여러분을 다시 만나게 되어 정말 반갑습니다.

세월이 흘러 이제 우리도 노년을 맞았지만, 앞으로라도 서로 안부를 전하며 지내길 바랍니다. 그리고 가끔씩 얼굴을 보며 옛 추억을 나눌 수 있다면 더할 나위 없겠습니다.

아직 소식을 알지 못하는 전우들도 이다선기 우리의 청년 시절을 기억하며 지내고 있으리라 믿습니다. 꼭 한 번 다시 만나고 싶습니다.

전우들이여!
우리가 함께했던 시간은 사라지지 않았습니다. 늦게나마 다시 손을 맞잡고, 서로를 기억하며 살아갑시다. 건강과 행복이 늘 함께하길 진심으로 기원합니다.

감사합니다.

삽 한 자루의 인연

송예호

나는 경기도 용인에서 태어났다. 한학자이신 할아버지, 군청 공무원이셨던 아버지, 그리고 오직 가족을 위해 헌신하셨던 어머니 밑에서 4남 1녀 중 셋째로 자랐다. 우리 집안은 '호(鎬)' 자 돌림이었고, 할아버지께서는 삼강오륜의 '인·의·예·지·신'에서 태어난 순서대로 이름을 지어 주셨다. 자연스럽게 나는 셋째였으므로 '예호(禮鎬)'가 되었다. 동네에서는 줄여서 '삼호'라고 불렸는데, 우리 형제를 아는 사람이라면 누구든 서열을 헷갈릴 일이 없었다.

어린 시절 나는 공부에 소질이 있다는 말을 들으며 성장했다. 부모님도 내게 기대가 컸고, 결국 나는 수원으로 유학을 떠났다. 하지만 기대와 현실은 달랐다. 노력했지만 원하는 성과를 내지 못했고, 결국 전문대에 진학했다. 그때부터 내 삶은 내가 계획했던 것과는 다른 방향으로 흘러가기 시작했다.

논산에서 시작된 인연

1980년 4월 2일, 나는 논산 훈련소에 입소했다. 훈련을 마친 지 얼마 지나지 않아 5·18 광주민주화운동이 터졌다. 사회가 혼란스러웠고, 후반기

교육도 취소된 채 우리는 전방으로 배치되었다. 더블백을 등에 지고 산을 넘고 물을 건너 도착한 곳은 6사단 11중대 2소대. 거기서 내 군 생활이 본격적으로 시작되었다.

처음 소대에 도착했을 때, 나는 말 그대로 '막내'였다. 내 위로는 작대기 네 개가 박힌 병장들이 우글거렸다. 30여 명의 소대원 중 병장만 13명. 그들 사이에서 이병이었던 나는 침상 청소와 관물대 정리를 도맡아야 했다. 하루하루 적응하며 생활해 나갔지만, 때때로 '군대는 나와 맞지 않는다'는 생각이 들기도 했다. 그러나 시간이 지나면서 함께한 전우들과의 유대감이 깊어졌고, 우리는 서로를 의지하며 버텼다.

공병삽이 닳아 없어질 때까지 우리는 함께했다. 예비대대, 항공대, 사단 OP, 수색대대 경비파견, 왕거미 작전, 민통선 통신선 지하 매설… 힘든 순간도 많았지만, 어느새 우리는 가족보다 더 가까운 존재가 되어 있었다.

그리고 1982년 12월 17일, 나는 '국난극복기장' 하나를 손에 쥐고 전역했다. 그날의 해방감은 이루 말할 수 없었다. 나는 이제 새로운 삶을 시작할 수 있다고 생각했다. 하지만 예상과 달리, 군대에서 보낸 시간은 쉽게 지워지지 않았다.

전우를 찾아서

전역 후, 나는 사회로 나왔다. 1983년 5월, (주)홍진HJC에 입사하며 본격적인 직장 생활을 시작했다. 1/년 동안 업부에 놀누했고, 결국 임원직까지 승진했다. 하지만 학업에 대한 미련이 남아 불혹의 나이에 대학에 편입했고, 주경야독 끝에 학사, 석사, 박사 과정을 마쳤다. 이후 중국 청도에서 4년, 베트남에서 3년, 다시 북경에서 2년간 법인장을 지냈고, 그렇게 35년을 한 우물만 파다가 퇴직했다.

퇴직 후, 나는 가족과 시간을 보내며 주말농장을 가꾸었다. 하지만 한 가지 마음 한구석을 떠나지 않는 것이 있었다. 바로 군대에서 함께했던 전우들이었다.

시간이 지나면서 그들의 얼굴과 이름이 점점 흐릿해졌지만, 어느 날 문득 '그들을 다시 만나고 싶다'는 생각이 들었다. 나는 인터넷을 뒤지고, 아는 사람들에게 수소문하기 시작했다. 그렇게 해서 하나둘 전우들을 찾아냈다.

양평에서는 윤광선 선배님을, 안동에서는 권순창 후배를, 대구에서는 오성희 동기를, 원주에서는 원문식 선배님을 찾아냈다. 영주에서는 임효상 선배님을 찾았고, 그를 통해 백명열 하사님과 김낙곤 소대장님도 다시 연락이 닿았다. 그렇게 하나둘 전우들이 모였고, 잊혔던 이름들이 다시금 살아났다.

어느 날, 오랜만에 모인 자리에서 누군가 말했다.

"우리, 무릎에 힘 있을 때까지 계속 만나야지."

나는 그 말에 고개를 끄덕였다. 군 생활 동안 닳고 닳았던 공병삽처럼, 우리도 세월 속에서 닳아 없어져 가고 있었다. 하지만 이렇게 다시 서로를 찾아가며 다듬어지고 있었다.

세월이 흐를수록 더 절실하게 느껴지는 것이 있다. 함께한 시간은 단순한 과거가 아니라, 우리의 삶을 이어 주는 끈이라는 것. 그리고 나는 이 인연을 끝까지 지키고 싶다.

이것이 바로 우리가 함께한 시간의 무게다.

꿈은 이루어진다

송예호

오늘, 내 인생극장의 한 장면이 펼쳐졌다.

아침, 어머니를 노치원에 모셔다드리고 집으로 돌아와 세탁기를 돌렸다. 수건을 털어 건조대에 널면서 문득 군 시절이 떠올랐다. 졸병 시절, 둘이 한 조가 되어 모포를 털던 기억. 그 순간, 자대에서 나를 돌봐 주었던 임효상 선배님이 떠올랐다.

그분은 몸이 돌덩이처럼 단단하고, 훈련 때마다 나를 많이 챙겨 주셨다. 그리운 마음에 염병술 선배님이 단톡방에 올려 둔 주소록을 떠올랐다. '영주시 가흥2동 520-21.' 곧바로 네비게이션을 설정하고 영주로 향했다.

영주 IC에 도착하니 11시가 조금 넘었다. '주소지에 안 계시면 어쩌지?' 불안한 마음에 먼저 영주시 재향군인회를 찾았다. 하지만 등록되지 않은 이름. 혹시나 하는 마음으로 옛 주소지를 찾아갔지만, 그곳은 이미 아파트 단지로 변해 있었다.

어떻게든 찾아야 했다. 마지막 희망을 걸고 동사무소로 향했다. 마침

점심시간이라 잠시 기다리는 동안, 민원실 옆 동장님 방에서 담소 나누는 소리가 들렸다. '이때다!' 염치 불고하고 문을 두드렸다.

"저는 용인에서 온 송예호입니다. 옛 전우를 찾고 있는데 혹시 도와주실 수 있을까요?"

그 자리에 있던 한 아주머니가 말했다.

"우리 남편 친구 중에 임효상 씨가 있어요."

혹시 나이를 아시냐는 물음에,

"68, 아니면 67쯤 될 겁니다."

하니, 아주머니는 반색하며 남편에게 전화를 걸었다. 잠시 후, 임효상 선배님의 전화번호가 내 손에 쥐어졌다.

번호를 눌러 신호음을 기다리는 순간, 사무실에 있던 직원들이 숨을 죽였다.

"임효상 씨! 11중대 2소대 송예호입니다."

그 순간, 전화기 너머로 들려오는 목소리.

"송예호? 알지!"

순간, 사무실에 있던 사람들이 일제히 박수를 치며 환호성을 질렀다. 마치 한 편의 드라마 같았다.

그렇게 40여 년 만에 임 선배님과 재회했다. 비록 짧은 만남이었지만, 마음만큼은 오랜 세월을 건너뛰어 바로 이어졌다. 이 모든 기적 같은 순간이 가능했던 것은 오래된 주소록을 간직해주신 염병술 선배님, 그리고 그 시간 동장님 방에 계셨던 선배님의 친구 아주머니 덕분이었다.

짧은 만남이었지만, 우리는 약속했다. 이제라도 자주 연락하며, 40여 년의 공백을 함께 채워 가자고.

내 인생의 자양분이 된
6사단 청성부대 2소대

권순창

1981년 2월 24일 입대 전날 밤에
친구들과 부모님이 모여 입대한다고
송별식을 베풀어 주었다.
그 밤에 어머님께서 불러 주신 노래가
바로 '남원 애수'
대장군 잘 있거라 다시 보마
고향 산천 과거 보러 한양 천리
떠나가는 나그네에…

이 노래를 불러 주시던 어머니가
젊은 새댁에서 팔순을 훌쩍 넘기시고
아흔을 향해 가고 있다.
세월은 유수처럼 흘러가고
그 세월 속에 우리는
'생로병사'에서 절대 자유로울 수 없다.

안동초등학교에 집결,

안동역에서 입영열차를 타고
중앙선을 타고 올라가
의정부 망월사역에 도착
열차 안에서 받은 건빵을,
어린이들이 '아저씨 건빵 주세요'
하며 달려드는 순간 건네주었다.
그 시절 건빵도 귀한 과자였다.
지금도 나의 간식은 마건빵,
추억의 전투식량 군용 건빵을
별사탕과 함께 반함에 물을 넣고
끓여 먹던 아스라한 추억을 생각하면
입가에 미소가 흐른다.

101보충대에서 6시에 기상
새벽달과 별을 보면서 부르던 애국가,
사회물이 아직 덜 빠진 상태에서
느껴 본 그때 그 순간
아!
군대생활이 드디어 시작되는구나.
군복을 지급받고
명찰과 이등병 계급장을 달았다.
그리고 3박 4일 대기 후
6사단으로 배치를 받았다.

입대 전 동네 형이
순창아 육공트럭을 타면 후방이고
관광버스를 타면 전방이다.
아이구야
관광버스를 타게 된 나는
망연자실 실망이 컸다….

버스는 6사단 신병교육대에 도착
버스에서 내려서 본 광경은
나를 겁먹게 했다.
선배 기수들이 식기를 옆에 끼고
군가를 부르며 식당으로 가는 모습은
얼굴은 까맣고 머리에는 담요로 만든 방한모에
푸른별이 붙어 있었다.

그때 들은 군가가
남아의 끓는 피 조국에 바쳐…

청성40기로 신교대 수료를 했다.
군번은 23048394
문혜리 19연대를 거쳐
삼송리 3대대 11중대 2소대로
자대배치를 받았디.

2소대로 배치를 받아
군 생활을 하게 된 것은 내 인생 행운이었다.
철원의 추위는 나를 더욱 단련시켰다.
정신적 육체적으로.
이등병 계급의 군복을 벗고
독수리 마크가 새겨진 추리닝을 입고
대대 대표로 20km 단축마라톤 대회에
참석할 수 있었던 것은 행운이었다.
이등병 주제에 부대 밖으로
매일 연습을 핑계로
나갈 수 있었으니까.

10중대 박 병장님은
마라톤 연습은 하지 않고
쥐포리 다방으로, 고석정으로 데리고 다니면서
관광객에게서 얻은 술과 안주로 술을 마시고
해질녘까지 누워 자라고 했다.
해가 어둑어둑해지면 버스를 타고
부대 100m 전 하차
헥헥거리며 뛰라고 주문
위병소를 통과했던 기억이
어제 일처럼 생생하다.

그렇게 연습도 소홀히 한 대가는
엄청난 고통을 안겨 주었다.
문혜리 연대본부를 출발 양지를
돌아오는 코스였다.
대대장 지프차 바게스 물에 수건을 적셔
머리에 뿌려 주며 응원했다.
10중대 박 병장님은 경운기를 타고 가면서
기권하면 작살낸다고 엄포를 놓았다.

연습이 없는 상태에서 솔직히 포기하고 싶었다.
그러나 이등병 군기로 완주를 했다.
전체 출전 선수 23명 중 11등을 했다.
결승선에서 총소리를 듣고
순위를 알았다.
화장실에서 소변을 보는데
피오줌이 나왔다.

달리기를 잘한 덕분에,
각 중대에 컬러TV가 1대씩 공급되어서
소대 대항 체육대회를 열어 1등이 차지하게 되는데,
11중대에서는 우리 2소대가 차지했다.
그때 100m, 400m, 1000m, 턱걸이, 평행봉 선수로
소대에 도움을 준 것 같다.

2소대!!
자랑스런 2소대!!
훌륭하신 소대장님들과
자상하신 선배님들을
44년 전 청춘의 함성이 메아리치던 젊은 기상과 기백이
오늘 지금 이 순간 용솟음치고 있음을…

누구나 2소대원이 될 수는 없다.
엄격한 선발을 통해 2소대원이 될 수 있다.
군복무를 6사단 청성부대에서 할 수 있었다는
자부심과 긍지는
아직도 가슴속에 간직하고 있다.

"수사불패 청성투혼"
6·25 때 가장 잘 싸운 부대 1위

2소대원은
지금 현재 모두 아름다운
멋진 청년들입니다.
존경합니다!!
사랑합니다!!

문 병장님께

권순창

선배님은
1981년도나 44년의 세월이 흐른 2025년이나
포스는 여전하십니다.
제가 5만 촉광에 빛나는
이등병 계급장을 달고 바라본
문 병장님의 5대장성의 계급장인 병장은
대장 위의 계급이 맞습니다.

그때 고참들이 가르쳐 준,
'고참은 하느님과 동기동창이다'라는 말이
지금도 귓전에서 들리는 듯합니다.

푸른 제복의 함성이 메아리치는 연병장,
아침 점호 후 구보 시
상의 탈의하고 구보하던 그 시절이
지금은 무척 그립습니다.
저녁 점호 후 팬티 바람으로

막사 앞에서 수건으로 건포마찰하던 순간도
어제 일만 같은데
벌써 40년을 훌쩍 넘었군요.

문 병장님을 이렇게 뵙게 되어
여전히 군기가 바짝 드는 느낌입니다.

하루에 한편씩 올려 주는 살아 있는 글은
참으로 많은 것을 생각하게 합니다.
풋풋한 20대부터 오늘에 이르기까지…
멋진 포스의 문 병장님
존경하고 사랑합니다.
선한 영향력의 글이
저에게는 큰 힘이 됩니다.
선배님
늘 건승하십시오.
필~승!!

권순창 후배님께

문병우

　먼저, 이렇게 따뜻한 마음과 소중한 추억을 담아 보내 주신 글에 감사드립니다. 시간이 지나도 여전히 제 마음속에는 그 시절의 기억들이 생생히 떠오릅니다. 푸른 제복을 입고 연병장에서의 그 함성과 훈련의 나날들이 얼마나 값지고 소중했는지 모르겠습니다. 특히 "고참은 하느님과 동기동창"이라는 말이 지금도 저를 지탱해 주고 있다는 말씀에, 그때의 고참들이 저에게도 그만큼 큰 의미였다는 것을 새삼 느끼게 됩니다.

　군 시절의 기억들이 시간의 흐름을 넘어 아직도 생생하게 가슴에 남아 있다는 점에서 권 후배님의 글을 읽으며 저도 그 시절을 되돌아보았습니다. 함께 겪었던 고생과 웃음이 오늘의 저를 만들어 준 것 같다는 생각이 듭니다.

　또한, "선한 영향력의 글이 저에게는 큰 힘이 된다"는 말씀에 깊은 감동을 받았습니다. 언제나 더 좋은 글을 써서, 그 글들이 권 후배님과 같은 분들께 작은 힘이 될 수 있기를 바랍니다.

　권 후배님께서 보내 주신 응원과 격려에 진심으로 감사드리며, 앞으로도 건강하시고 좋은 일들만 가득하시길 기원합니다.

늘 건승하시길 바랍니다.

문병우 올림

군영의 불꽃, 우정의 서사

문병우

우리 2소대는 선배와 후배가 한마음으로 같은 공간에서 땀과 눈물을 나눈 작은 가족이다. 40여 년의 세월이 흘러 각자의 길을 걸었지만, 다시 한 자리에 모여 그 뜨거웠던 군 시절의 한 페이지를 다시 쓰기 시작했다. 카톡방 속에 모인 우리들은, 잊힌 군영의 골목에서 선배의 지혜와 후배의 열정이 어우러진 기억들을 다시 불러일으켰다.

처음 모인 대화방은 어색한 인사와 미소로 시작되었다. "잘 지냈습니까?"라는 따뜻한 인사 속에, 긴 야간 행군의 고단함과 차가운 새벽 공기를 가르며 달린 떨림, 그리고 선배의 굳건한 어깨에 의지하며 후배들이 웃음을 터트리던 그 순간들이 서서히 스며들었다. 특히 힘들고 지친 야간 행군 날, 고참이 먼저 나서서 졸병들을 독려하며 행군을 완주했던 기억은 지금도 마음 깊이 남아 있다.

글을 쓰기 시작하면서, 우리는 각자의 병영 생활 속에서 만난 소중한 순간들을 하나하나 꺼내기 시작했다. 처음엔 용기 내어 글을 올리는 전우가 몇 안 되었지만, 그 진솔한 글이 촉매제가 되어 다른 전우들도 한 편씩 마음을 담아 글을 쓰기 시작했다. 글쓰기를 주저하던 이들도 점차 용기를 내었고, 나중에는 더 잘 쓰고 싶다는 선의의 경쟁심마저 생겨나며 긍정적인 에너지가 대화방을 가득 채웠다. 선배들은 오랜 경험에서 우러나온 조언과 따스한 격려를 잊지 못했고, 후배들은 생생한 열정과 날카로운 젊은 시절의 눈물을 문장으로 풀어냈다.

낡은 군번표를 손에 쥐고, 험난한 훈련장과 땀방울이 떨어졌던 그날들을 회상하며, 한편으로는 서로의 어깨를 토닥이던 위로의 순간들이 글 속에 생명력을 불어넣었다. 내가 도전적으로 올린 첫 글은, 전우들의 열정이 만나는 작은 불씨가 되었다. 그 불씨는 곧 비좁은 PX에서 함께 나눴던 소소한 간식의 달콤함, 막바지 훈련 중 서로를 위해 쏟은 땀방울, 그리고 말없이 건넸던 따스한 격려의 손길들로 번져 나갔다.

선배의 경험이 녹아든 한마디, 후배의 호기심이 담긴 한 줄의 글이 모여, 우리 소대의 시간들은 마치 살아 숨 쉬는 한 편의 서사가 되었다.

이제 우리의 추억은 한 권의 책으로 정성스럽게 다듬어지고 있다. 군복 주머니 속에 감춰 두었던 오래된 사진 한 장, 그 속에 담긴 땀과 눈물, 그리고 전우들이 함께 웃고 울었던 순간들이 이제 독자들에게 전해질 준비를 마쳤다. 한 페이지 한 페이지마다, 우리의 젊은 날의 열정과 고된 훈련 속에서도 피어났던 인간애가 담겨 있으며, 그것은 단순한 기록을 넘어 한 편의 시처럼 영원히 빛날 것이다.

이 책은, 세월이 흘러도 바래지 않는 우리 전우들의 끈끈한 우정과 그때의 불타오르던 열정을 증명하는 살아 있는 기록이 될 것이다. 서로의 이름이 선명히 새겨진 이 이야기는, 잊힌 군영의 하루하루를 다시금 생동감 있게 불러내며, 독자들에게 잊을 수 없는 감동의 순간을 선사할 것이다.

에필로그
기억의 조각, 전우의 이름으로

기억은 시간을 지나, 우리를 다시 만나게 한다.
군대는 누구에게나 특별한 공간이다.

어린 청춘의 한가운데서 우리는 낯선 이름들과 함께 웃고 울었고, 차가운 철책 너머로도 전해지던 전우의 온기를 느꼈다.

어느 날은 눈 쌓인 산길을 함께 걸었고, 또 어느 날은 침묵뿐인 매복 속에서 눈빛으로 말을 나누었다.

그 시간들은 결코 화려하지 않았고, 때로는 버거울 만큼 힘겨웠지만, 지나고 나면 결국 우리 인생에 가장 단단한 뿌리가 되었다.

눈발 속의 약속, 철책선 위의 우정, 삐라가 흩날리던 들판에서 나눈 한 조각 웃음, 그리고 그 이름, 그 얼굴들… 하나하나가 우리 가슴속에서 아직도 또렷하다.

세월은 흘러 우리를 각자의 길로 이끌었지만, 기억은 결코 사라지지 않았다. 그날의 냄새, 그날의 공기, 그리고 전우의 목소리는 문득 바람결에,

별빛 아래, 혹은 익숙한 노랫말 속에서 다시금 되살아난다.

  이 책은 단지 나의 기록이 아니다. 이것은 함께한 우리 모두의 이야기이며, 지금도 어디선가 이 기억을 간직한 채 살아가는 전우들에게 바치는 작은 헌사다.

  군복을 벗은 지 오래지만, 우리는 여전히 '전우'라는 이름으로 서로의 가슴에 살아 있다. 그리고 언젠가, 다시 마주 앉아 웃으며 이야기할 그날까지…

  기억의 조각들을 가슴에 품고, 오늘도 우리는 살아간다.

철원의 밤하늘 아래
기억의 별을 세다

ⓒ 문병우, 2025

초판 1쇄 발행 2025년 6월 15일

지은이   문병우
펴낸이   이기봉
편집   좋은땅 편집팀
펴낸곳   도서출판 좋은땅
주소   서울특별시 마포구 양화로12길 26 지월드빌딩 (서교동 395-7)
전화   02)374-8616~7
팩스   02)374-8614
이메일   gworldbook@naver.com
홈페이지 www.g-world.co.kr

ISBN   979-11-388-4369-0 (03810)

- 가격은 뒤표지에 있습니다.
- 이 책은 저작권법에 의하여 보호를 받는 저작물이므로 무단 전재와 복제를 금합니다.
- 파본은 구입하신 서점에서 교환해 드립니다.